일을 대하는 태도

일을 대하는 태도

재능과 운을
뛰어넘는
단 하나의 힘

조준호 지음

퍼스트펭귄

추천의 글

많은 사람들이 내향적인 사람보다 외향적인 사람이, '아싸'보다는 '인싸'가 되고 싶어 한다. 그런데 참으로 재미있게도 그런 사람들 중에 나이 들어가면서 꼰대가 되는 사람들이 훨씬 더 많다. 그리고 이들은 급변하는 세상에서 과거에 했던 일의 방식을 고집하는 사람들의 길을 걸어간다. 왜일까? 그들은 일을 하면서도 일 대신 다른 것을 추구했기 때문이다. 그런데 진정한 성장과 생존 그리고 더 나아가 후배 세대들에게 줄 수 있는 가르침은 오히려 조용한 내향적 아싸들로부터 나오는 경우가 많다.

『일을 대하는 태도』의 저자인 조준호 前 ㈜LG 대표이사는 그들을 대표하는 인물 중 한 사람이다. 세월이 가도 변하지 않는 일의 원칙과 일에 대한 태도를 가르쳐 준 저자는 심리학자인 나에게조차 '이런 사람이 나의 상사인 직장이라면 묻지도 따지지도 않고 일해보고 싶다'는 생각을 들게 했다. 저자가 들려주는 일에 대한 우리의 생각, 태도, 그리고 행동들은 일을 해야 하는 사람이라면 누구나 한 번쯤은 진지하게 읽어야 하는 내용이다. 우리 인생을 제대로 사는 길이 보이기 때문이다.

인지심리학자 김경일

들어가며

일은 나를 성장시키는
가장 엄격한 스승이었다

돌아보면 나는 평생을 '일'이라는 단어 앞에 서 있었다. 누군가는 일을 생계를 위한 수단으로, 누군가는 성공을 위한 경쟁의 장으로 바라보지만 내게 일이란 '나 자신을 단련하는 도구'였다.

물론 맡은 일에서 압도적인 성과를 내는 것도 중요하지만 성과는 내가 일을 대하는 태도에서 비롯된 결과라고 생각한다. 내가 40년 동안 조직에 몸담으며 배운 가장 중요한 교훈은 결국 '태도가 모든 것을 결정한다'는 것이다.

나는 언제나 완벽한 사람도, 천재도 아니었다. 솔직히 말해 내향적이고 개인주의적인 성격 탓에 나 스스로도 회사 생활을 제대로 해낼 수 있을까라는 우려가 들 정도였다. 그도 그럴 것이 소위 말하는 '인맥 쌓기'나 '연줄 만들기'와는 애초부터 거리가 먼 사람이었으니까.

그런 내가 어떻게 대기업의 최고 경영자 자리에 올라 10년 가까운 세월을 보낼 수 있었을까를 돌아보면, 내게는 맡은 일을 끝까지 해내려는 끈기와 포기하지 않는 집념이 있었던 것 같다. 사교적이지 못하고 술도 제대로 못 마시는 내가 조직에서 살아남기 위해서는 압도적 성과를 내는 길이 유일하다고 여겼던 것이다. 그래서 어떤 일이 맡겨지면 회피하거나 두려워하기보다는 "그래, 한번 해보자"라고 마음먹었고 이를 악물고 버텼다. 그리고 감사하게도 그러한 나의 노력에 운이 더해져 좋은 성과를 거둘 수 있었다고 생각한다.

물론 내게도 수많은 실패와 좌절의 시간이 있었다. 누군가는 나를 향해 '실패자'라는 꼬리표를 붙이기도 했다. 그럴 때마다 "내가 하는 일을 사랑하는가?", "나는 이 일을 다시 잘 해내고 싶은가?"를 스스로에게 물었고, 전력을 다해 일어설 수 있었다. 그리고 그렇게 하루하루를 쌓아올리며 점차 내 앞에 놓인 '일의 의미'를 깨달을 수 있었다. 일은 나를 성장시키는 가장 엄격하면서도 정직한 스승이었다.

이 책은 40년 가까운 나의 직장 생활 동안 성과를 내기 위해 다양한 아이디어를 찾아다니고, 적용하고, 반성했던 수많은 '모험'들을 정리한 것이다. 단순히 개인적 소회를 담은 기록이 아니라 내가 어떤 맥락에서 왜 그런 판단을 했는지 구체적으로 밝힘으로써 이 책을 읽는 여러분들이 비슷한 상황에 처한다면 어떻게 해나갈지를 생각해 볼 수 있도록 구성했다. 그런 의미에서 부끄럽지만 실패의 경험도 최대한 많이 담으려고 노력했다.

한 가지 여러분들에게 양해를 구할 것은 나의 경험을 담은 사례가 여러 군데서 다른 맥락으로 등장한다는 점이다. 하나의 사건을 다양한 관점, 즉 목표 설정의 측면에서 보기도 하고, 조직 문화의 관점에서 살피기도 하는 것이니 중복된 내용이라고 오해하지 않기를 부탁드린다.

나는 이 책을 '모험의 여정'이라고 부르고 싶다. 그리고 이 여정은 조준호라는 한 사람이 걸어온 과거의 이야기가 아니라 이 책을 읽는 여러분이 스스로 만들어나갈 새로운 미래다. 우리는 일을 통해 자신의 가치를 증명하고, 세상에 기여하며, 삶의 의미를 발견한다. 따라서 일을 대하는 태도는 곧 인생을 대하는 태도가 된다. 이 책이 여러분이 걸어갈 모험의 여정에 길잡이가 될 수 있기를 진심으로 바란다.

누군가 나를 향해 실패자라고 손가락질할 때마다

"나는 이 일을 사랑하는가?"라고 물었고

전력을 다해 다시 일어섰다. 그리고 깨달았다.

일은 나를 성장시키는 엄격하고 정직한 스승이었다.

차례

추천의 글 4

들어가며 일은 나를 성장시키는 가장 엄격한 스승이었다 6

1장

일하는 사람,
우리는 호모 라보란스다

그저 열심히 하면 된다는 생각 19

"준호, 너는 일이 되게 하는 사람이야" 24

30년 동안 아침 운동을 하는 비결 30

호기심과 겸손함 37

Why를 다섯 번 반복하라 43

내가 틀릴 수도 있다 48

생각의 리더십 53

2장

누구도 부인할 수 없는 성과로 승부한다는 것

왜 나만 카세트 테이프 플레이어야? 65

평생 직장 vs 평생 직업 70

88올림픽의 저주 74

GM과 전기차 시장을 선점하다 84

공격할 때는 언제인가 89

일단 시작하면 끝장을 볼 때까지 94

가장 좋은 방어는 상대가 공격할 마음이 안 들게 하는 것 98

상대가 공격해 오면 방어가 아니라 반격 103

3장

결코 무모하지 않은 계산된 모험

5%는 안 되지만 30%는 된다 117

일하는 방식의 근본을 바꾼다 121

노트북과 고양이 127

결국에 믿을 것은 나 자신뿐이다 131

계산된 모험 139

현실을 있는 그대로 본다 144

적은 자원으로 실험한다 154

보험성 포석을 한다 162

일의 본질이란 167

4장

최고의 자리에 오르는 사람은 무엇이 다른가

어떤 사람과 함께 일하고 싶은가 177

뼈아픈 좌절을 겪다 182

나다움을 지킨다는 것 185

리더를 정의하지 말자 189

두 수 앞을 본다 192

사람을 귀하게 여긴다 197

진정성 205

나는 이끄는 사람인가, 따르는 사람인가 211

사양할 수 있는 용기 216

5장

당신만의 무기를 갖고 있는가?

원래 하던 일인데요? 223

상황이 변하면 전략도 변해야 한다 230

우리 부대의 행군 속도는? 234

판을 뒤집어라 238

똑게와 똑부 242

리더의 말하기 246

넘어져도 끝까지 가보는 사람 250

결국 태도가 전부다 253

1장

일하는 사람,
우리는 호모 라보란스다

그저 열심히 하면 된다는 생각

    1984년, 내 나이 스물다섯 살 때 미국 시카고 대학에서 MBA 학위를 받았다. 당시 어머니가 하시던 사업이 잘되면서 재정적 지원을 받았던 덕분이다. 지금 돌이켜 보면 운이 참 좋았다고 생각한다. 기왕 미국에서 공부를 했으니 직장도 다녀보면 좋을 것 같아 100여 군데 회사에 지원서를 보냈다. 그때는 미국이 일본 산업의 경쟁력에 밀려 경기가 좋지 않아 직장을 구하기 무척 힘든 시기였다. 더구나 영주권도 없는 외국인 학생은 말할 것도 없었다. 줄줄이 서류에서 떨어지는 일이 비일비재했다. 그러다가 겨우 네 군데서 인터뷰를 하자는 연락이 왔고 마침내 두 곳에서 합격 통지를 받았다.

내가 선택한 곳은 세계적인 제약업체이자 우리에겐 베이비로션으로 유명한 '존슨앤드존슨(Johnson & Johnson)'이라는 회사였다. 지금도 그렇지만 당시에도 잘나가는 회사 중 하나였고, 아시아로 시장을 확장하겠다는 계획 아래 아시아의 여러 나라에서 일할 인재를 미국에서 훈련시킨 뒤 파견하는 프로그램도 운영하고 있었다. 언젠가 한국에 돌아가야 할 내게는 꽤나 좋은 기회라고 생각했다.

그해 여름부터 나는 존슨앤드존슨 본사가 있는 뉴저지 주 뉴브런스윅에서 근무를 시작했다. 나에게 배정된 곳은 이 회사의 소비재 부문인 '존슨앤드존슨 프로덕트'의 존슨앤드존슨 덴털 플로스 프로덕트팀으로 내 직급은 어시스턴트 프로덕트 디렉터(회사에 따라 어

시스턴트 브랜드 매니저라고 부르기도 한다)였다.

소비재를 만드는 회사는 대부분 브랜드팀이나 프로덕트팀을 중심으로 움직인다. 해당 제품의 매출과 수익을 일차적으로 책임지고 신제품의 개발에서부터 마케팅, 브랜드 관리, 프로모션, 소비자 인식 개선 등 판매와 관련된 모든 분야를 관장하는 곳으로 하나의 팀이 마치 작은 기업처럼 움직이는 것이다. 따라서 성과에 대한 압박은 물론이고 책임감도 이루 말할 수 없이 컸다.

당시에 내가 맡았던 일 중 가장 중요한 업무는 유명한 마케팅 조사 업체인 AC닐슨(Nielsen)에서 매월 보내오는 지역별 시장 점유율 데이터를 분석해 상사와 경영진에게 보고하는 것이었다. 여기에 고객 지원팀에 접수된 컴플레인 내용을 취합해 제품 개선 계획에 반영하는 것도 포함되어 있었다.

결코 만만치 않은 업무량이었지만 나는 밤을 새워

가며 분석에 매달렸다. 처음 해보는 회사 생활이 재미도 있었고, 조준호라는 사람이 가진 능력을 어떻게든 증명하겠다는 의욕에 가득 차 심지어 프로덕트 매니저에게 일을 더 달라고 요청할 정도였다.

그러던 어느 날 전화가 한 통 걸려왔다. 처음에는 누구인 줄 몰랐다. 몇 마디를 나누고 보니 전화 속 주인공은 바로 사장이었다. 대기업의 수장이 입사한 지 4~5개월밖에 안 되는 주니어 사원에게 직접 전화할 것이라고는 상상도 못했기 때문에 크게 당황할 수밖에 없었다. 그는 내가 며칠 전에 올린 시장 분석 자료를 인상 깊게 봤다고 하면서 디트로이트 일대의 점유율이 갑자기 떨어졌는데 원인이 무엇인지, 어떤 대책을 갖고 있는지 물었다.

그렇지 않아도 당황했던 나는 그의 질문에 머릿속에 새하얘지고 말았다. 그도 그럴 것이 시장 점유율 데이터를 분석했던 나는 점유율이 떨어지고 있다는 문제점만 지적했을 뿐이지 대책에 대해서는 별로 생각해 보지 않았기 때문이다. 당시에 내가 뭐라고 대답했는지는 정확하게 기억나지 않는다. 의미 없는 말을 몇 마디 더 하고는 준비되는 대로 다시 보고드리겠다고 말하며 통화를 끝낸 것 같다.

나는 전화를 끊고 당시 나의 상사였던 프로덕트 디렉터에게 달려가 상황을 알렸다. 그 역시 깜짝 놀라더니 내가 올린 보고서를 주의 깊게 읽고는 점유율 하락의 원인을 경쟁 브랜드의 가격 인하 프로모션 때문으로 판단했다. 그리고 우리 역시 일정 기간 동안 가격을 인하하는 맞대응 전략을 마련해 즉시 실행에 옮겼다. 내 첫 번째 사회생활의 위기는 며칠 뒤 이러한 계획을 사장에게 무사히 보고하는 것으로 일단락되었다.

"준호, 너는 일이 되게 하는 사람이야"

존슨앤드존슨에 입사하고 6개월이 지난 뒤 첫 정기 평가 시간을 갖게 되었다. 프로덕트 디렉터는 내게 C라는 처참한 평가를 내렸다. 열심히 일했고, 나름대로 팀에 기여하고 있다고 생각했는데 C라니, 도저히 받아들일 수가 없었다. 나는 프로덕트 디렉터에게 항변했다. 그러자 그는 나를 가만히 보더니 이렇게 말했다.

"준호, 자네는 의욕도 많고 부지런해. 우리 팀에 많은 도움이 되고 있는 건 사실이지. 그런데 자네에겐 결정적인 문제가 하나 있어."

"결정적인 문제…라뇨?"

이어진 그의 말은 꽤 충격적이었다.

"자네는 아직도 '학생의 사고방식(Student Mentality)'을 갖고 있는 것 같아. 학생들은 중간고사를 보기 전에 열심히 공부를 하지. 과제를 제출할 때도 마찬가지야. 그런데 시험이 끝나고 나면 자신이 그동안 공부한 걸 몽땅 잊어버리고 말지. 그리고 다음에 볼 시험과 과제를 준비해. 하지만 준호, 회사에서는 달라. 프로페셔널이란 어떤 일을 맡든 그 일을 자기 책임하에 완벽하게 해내야(Do Complete Work) 하지."

그러고는 지난번 사장과 통화했을 때의 일을 상기시켜 주었다.

"예전에 보스에게 전화가 왔을 때 기억하나? 너는 문제점을 완벽하게 파악해 냈지만 원인에 대해서는 생각하지 않았어. 이게 아무리 문제라고 떠들어봐야 아무 일도 일어나지 않아. 지역별 시장 점유율 분석을 담당하는 네가 원인이 무엇인지를 깊이 파악해서 대책을 세우고, 공장이나 영업에서 그걸 누가 실행할 수 있을지 판단해야 해. 상사인 내가 너에게 조언을 해줄 수는 있지만 네 일을 대신 해줄 수는 없어. 네가 뚫리면 회사가 뚫리는 거야. 일이 되게 하는 사람은 바로 준호 너야. 네가 하지 않으면 아무 일도 일어나지 않거든(You are the man who makes things happen. If you don't, nothing happens)."

순간 무언가로 머리를 세게 맞은 것 같았다. 그때까지만 해도 나는 막연하게 문제를 보고하면 위에서 판단한 뒤 여러 조직을 움직여 '그들이' 해결할 거라고 생각하고 있었다. 그런데 그게 아니었다. 내가 원인을 파악하고 구체적인 요청 사항을 결정한 뒤 지원해 달라고 하면 모를까, 아무리 사장이라고 할지라도 내 문제를 해결해 줄 수 없다는 사실을 깨달은 것이다.

정기 평가 후 얼마 지나지 않아 마케팅팀의 구성

원 모두가 의무적으로 해야 하는 세일즈 트레이닝에 참여하게 되었다. 기왕이면 앞서 일도 있고 하여 나는 디트로이트로 지원했다. 그런데 현장에서 직접 상황을 파악해 보니 우리 제품의 점유율 저하가 단순히 경쟁사의 일시적 가격 인하 프로모션 때문이 아니었다. 경쟁사는 포장 등에서 원가를 낮춘 새로운 상품을 기존 제품보다 낮은 가격에 그 지역에서 테스트 겸 판매하고 있었던 것이다.

일시적 가격 할인이 아니라 저가형 신제품이 전국적으로 출시될 수 있는 상황이라는 것을 파악한 나는 우리 역시 새로운 제품을 개발해야 한다고 판단했고, 기존보다 훨씬 총체적이고 포괄적인 마케팅 계획을 준비했다. 그리고 상사와 경영진의 승인을 받아 전국 세일즈 매니저 500명 앞에서 준비한 대책을 발표하게 되었다.

이후 테스트 결과가 만족스럽지 않았는지 경쟁사의 저가형 신제품은 출시되지 않았다. 따라서 우리 회사도 큰 위기 없이 정상적인 시장 점유율을 유지할 수 있었다. 다만 이 일을 계기로 현장 상황을 직접 확인하지 않고 피상적인 보고에만 의지하는 것이 얼마나 위험한 일인지를 몸소 깨닫게 되었다.

영업도, 공장도, 연구소도 각자에게 맡겨진 업무가 있다. 그 안에 속한 직원들 역시 마찬가지다. 따라서 내가 맡은 업무에 대해 가장 깊이 고민해야 하는 사람은 오직 나뿐이다. "네가 하지 않으면 아무 일도 일어나지 않는다"는 상사의 조언을 듣고 난 후, 나는 일에 대한 나의 태도를 완벽히 바꾸게 되었다.

이전까지는 내 일의 범위를 한정하고 그것을 완벽하게 해내는 것에만 집중하고 있었다. 다시 말해 시장 점유율을 분석하고 문제를 지적하는 일에만 치중해 있었던 것이다. 하지만 그 이후부터는 현상을 깊이 들여다보고 문제를 발견한 뒤 대책을 세우고, 이 대책이 실제로 어떻게 실현되고, 어떤 결과를 불러일으킬지에 대해 종합적으로 판단해야 하는 것까지를 나의 일로 여기게 되었다.

더불어 이때 나는 내가 회사의 주인이 될 수는 없을지 몰라도 일의 주인은 되어야겠다고 다짐했다. "준호, 너는 일이 되게 하는 사람이야"라는 상사의 말이 이후 내 회사 생활의 운명을 결정했던 것이다.

30년 동안 아침 운동을 하는 비결

 나는 30년 동안 아침마다 한 시간씩 운동을 하고 있다. 몸무게도 40년째 똑같다. 주변 사람들이 어떻게 40년째 똑같은 몸무게를 유지할 수 있냐고 비결을 물어보면 나는 이렇게 대답한다.
 "딱 내일 하기 싫어지지 않을 만큼만 운동합니다."

 LG전자에 근무하던 30대 중반, 나는 심각한 번아웃을 겪은 적이 있었다. 그 이전 4~5년을 그룹 본사의 경영 혁신 추진 본부에 있으면서 3~4개월 단위로 현장에 투입돼 사업을 검토하고 사업 구조 조정을 포함한 성과 개선 계획을 만들어 경영진에게 제시하는 일을 하였다. 일개 부장이 최고 경영진에게 보고하는 일만으로도 벅찬데, 여러 사람의 운명에 영향을 끼칠 전략을 계속 세우다 보니 마음이 지친 것은 물론이고 몸도 완전히 망가진 상태였다. 어느 정도였냐면 밤에 얼굴이 욱신거려 잠을 자기 어려웠고 회사에서도 오전을 버티는 게 힘들었다.

그때 누구였는지 잘 기억은 나지 않지만 누군가 내게 이런 조언을 해주었다. "다음 날 헬스장에 오기 싫어지지 않을 정도의 운동을 매일 해봐." 당시에 아무런 대책이 없었던 나는 이 말을 그대로 따랐고 그 습관을 지금까지 유지하고 있는 것뿐이다.

많은 사람이 행동을 바꾸겠다고 결심한다. 몸무게를 줄이기 위해 운동을 매일 하겠다는 사람, 일주일에 책 한 권씩을 읽겠다는 사람, 매일 한 시간씩 외국어 공부를 하겠다는 사람 등등. 여러분 중에도 이런 결심을 안 해본 사람은 아마 없을 것이다. 그런데 실제로 이를 지속했다는 사람은 많지 않다. 왜 그럴까? 너무 거창하기 때문이다. 변화를 한 번에 이루고자 하기 때문에 실패한다는 뜻이다. 그렇다면 어떻게 해야 자신의 계획을 꾸준히 실천할 수 있을까?

나와 친한 인지심리학자인 아주대 김경일 교수의 말에 따르면 행복은 크기가 아니라 빈도라고 한다. 10점짜리 커다란 행복을 한 번 겪는 것보다 1점짜리 행복을 열 번 경험하는 것이 훨씬 더 큰 만족감을 가져다준다는 뜻이다.

나는 변화도 마찬가지라고 생각한다. 커다란 무언가를 한 번에 바꾸려 하기보다는 목표를 작게 쪼개서 꾸준히 실천하는 것이 더 중요하다. 살을 10킬로그램 빼겠다고 마음먹는다면 단식에 돌입하기보다는 아침에 30분씩 걷기 운동을 하고 독서를 하겠다며 서너 시간 동안 책상 앞에 앉아 있기보다는 매일 아침 10분씩 책을 읽어야 한다.

세상을 바꾸는 것은 어렵지만 자신의 행동은 바꿀 수 있다. 바뀐 행동을 지속하면 습관이 되고, 습관이 되면 실력으로 쌓이고, 실력이 쌓이면 성과를 낼 수 있고, 성과를 내면 운명이 바뀐다.

나는 후배들에게 일평생 지킬 몇 가지의 좋은 습관을 만들라는 얘기를 종종 한다. 책을 읽는 습관도 좋고 운동도 좋다. 남보다 10분 일찍 출근해 전날, 혹은 전주나 전달에 이룬 성과를 점검하고 오늘 해야 할 일과 순서를 정리하는 습관을 갖는 것도 좋다. 여기서 중요한 것은 한 번에 몰아서 하는 게 아니라 꾸준히 하는 것이다.

조직도 마찬가지다. 혹시 여러분의 회사에서는 특정 프로젝트가 마무리된 후 반성 회의를 하고 있는가? 많은 회사가 이런 제도를 갖고 있다고는 하지만 실질적으로 활용하기란 쉽지 않다. 자칫하면 상사나 다른 팀을 향한 비판이 될 수 있기 때문이다. 하지만 나는 이런 반성 회의가 참으로 중요하다고 생각한다. 이렇게 스스로를 점검하고 재정비하는 조직은 시간이 지날수록 시행착오를 통한 노하우가 쌓여 성과가 지속적으로 향상될 것이다.

업무가 끝나면 정리 정돈과 청소를 하는 공장, 새로운 시도를 하기 전에 작은 규모로 테스트해 보는 회사, 매일 아침 경쟁사 정보를 수집해 공유하는 일이 습관화된 회사 등등 사소해 보이지만 오랜 시간 꾸준히 갈고닦은 좋은 습관은 시간이 지날수록 분명한 차이를 만들어낸다.

가끔 나에게 그렇게 오랜 시간 동안 리더의 자리에 있을 수 있던 비결이 무엇이냐고 묻는 분들이 계신다. 나는 리더의 능력과 자질은 우리가 매일 반복하는 일상 속에서 훈련하는 것이라고 생각한다. 우리에게 주어진 업무 속에서 수많은 성공과 실패를 경험하고 이를 성찰함으로써 체득하는 것이다. 리더십에 관한 아무리 훌륭한 책을 읽는다고 해서 그런 능력이 저절로 습득되는 것은 아니다.

리더도 똑같은 사람이다. 불안하고 두려워한다. 다만 불안과 두려움을 헤쳐 나가는 연습을 매일, 꾸준히, 치열하게 해나가고 있을 뿐이다.

어떤 문제를 만나게 되더라도 두려움에 사로잡혀 움츠리거나 너무 흥분해 판단을 그르치지 않도록 내면의 그릇을 단단하게 넓히는 일, 그것은 매일 우리가 겪는 일상 속에서 이루어진다.

여러분의 지위가 높아지고 책임이 커질수록 맞이하게 될 문제는 아마 지금보다 훨씬 더 복잡하고 어려워질 것이다. 동시에 실패에 대한 두려움은 더욱 커질 것이며 앞이 보이지 않는 불확실성은 여러분을 더욱 불안하게 만들 것이다. 하지만 매일 마주하는 일상을 치열하고 성실하게 살아낸다면 어느샌가 탁월한 성과를 내는 리더로의 여정에 들어설 수 있을 것이라고 나는 믿는다.

호기심과 겸손함

 누군가 내게 "성공하기 위해 가져야 할 덕목이 무엇인가요?"라고 묻는다면 나는 주저없이 겸손과 호기심이라고 답할 것이다. 자신을 낮추고 다른 사람의 생각과 새로운 아이디어에 귀 기울일 줄 아는 마음가짐이면 나는 훌륭한 리더가 될 충분한 자격을 갖추었다고 생각한다.

 당연한 말이지만 뛰어난 리더는 가장 머리가 좋은 사람이 아니다. 우리는 간혹 뉴스를 통해 뛰어난 능력을 가진 사람이 리더로서 보이지 말아야 할 행동을 하는 모습을 종종 목격한다. 이른바 갑질 논란 등을 통해서이다. 그래서 나는 이렇게 생각한다. 머리가 좋은 리더보다는 주변에 머리 좋은 사람들이 모여들고 적극적으로 아이디어를 내게 하는 사람이 훨씬 좋은 성과를 많이 낼 수 있다고. 그래서 나는 진정한 리더란 겸손하고 동시에 호기심을 가져야 한다고 믿는다.

지위가 높아진 사람들에게 생기는 변화 중 하나가 말이 많아지는 것이다. 주변 사람들이 입을 다문 채 자기가 말할 때만 고개를 끄덕이니 내가 제일 잘나고 똑똑한 것 같이 느끼기 쉽다. 게다가 현장에 찾아가 현안에 대해 지시하고 해결하면 대단한 효능감을 느끼게 된다. 문제는 자신의 지시 때문에 몇몇 일을 해결했을지 모르지만 더 중요할 수 있는 다른 일이 멈춰 있다는 것인데, 아쉽게도 당사자는 그 사실을 알지 못한다. 주위에 있는 직원들도 상사에게 그런 이야기를 해

주기란 결코 쉬운 일이 아니다. 그렇다 보니 일정 지위에 오르고 나면 자기가 대단한 줄 알게 되는 게 사람의 심리다.

간혹 은퇴한 동료들을 만나 이야기를 나누다 보면 비슷한 종류의 푸념을 듣게 된다. 예전에는 자기가 하는 말에 모두들 관심을 갖고 척척 움직여주었는데, 이제는 아무도 자기 말에 관심을 갖지 않는 것은 물론이고 뭔가 의견을 얘기하면 그 즉시 반대 의견이 쏟아져 나와 아무래도 적응하기 어렵다는 이야기였다.

생각해 보자. 과연 이 사람이 예전에는 옳은 의견만 내다가 지금에 와서야 그릇된 생각을 하는 걸까? 아니다. 그는 현직 시절의 권세가 사라진 후 자신의 진짜 모습을 만나고 있는 중일 뿐이다.

나이가 들고 경력이 쌓이면 호기심이 사라지기 쉽다. 말단 직원 시절에는 뭐든지 새롭게 배워야 하는 것이 많았지만, 일에 익숙해지면서 본인의 편안한 지점이 생긴다. 이제는 더 이상 새로운 과제에 대해 마음을 열지 않게 되는 것이다.

비단 일 관련만이 아니라 개인적인 삶에서도 호기심을 잃어가는 사람이 많다. 호기심을 잃으면 세상의 변화에 유연하게 적응하는 힘이 사라지고 삶이 지루해진다. 거기에다 경력이 붙으면서 그간의 경험에서 오는 수많은 지식과 나름의 노하우가 쌓이다 보니 소신이 강해진다. 소신이란 업무에 대한 전문가로서의 의견이니 개인적으로 중요한 자산이기는 하다. 문제는 너무 강한 소신이 불필요한 고집으로 통한다는 데 있다. 자신의 판단과 다른 의견에는 귀를 닫고 더 이상 들으려 하지 않는 것이다.

나이를 먹고도 세상에 뒤처지지 않고 사업과 업무에서 커다란 혁신을 만들어낸 리더들의 공통점은 세상의 흐름을 잘 읽어낸다는 점이다. 이들은 세상의 흐름에 뒤처지지 않고 오히려 시대를 앞서가는 변화를 주도하려고 노력한다. 이렇듯 세상의 흐름을 읽는 리더가 되려면 호기심을 잃지 말아야 한다.

흐름은 억지로 읽으려고 한다고 읽어지는 게 아니다. 세상사에 관심을 가지고 듣고 보면서 한 사건 혹은 여러 개의 사건이 서로 관련을 지으면서 우리 사업에는 어떤 영향을 줄까, 나의 삶에는 어떤 변화가 올까를 평소에 고민하다 보면 자연스럽게 패턴이 드러나게 된다.

나는 은퇴 후에도 남들처럼 여행이나 등산으로 시간을 보내지 않는다. 요즘 내가 열중하고 있는 건 바로 로봇이다. 어린 시절 만화영화 〈우주 소년 아톰〉을 인상 깊게 보고 로봇을 만드는 과학자를 꿈꾼 적도 있다. 업무의 책임감에서 내려오고 나니 어린 시절의 꿈이 다시금 찾아온 것이다. 앞으로 10년 안에 나를 따라다니며 말동무해 주는 로봇을 완성하는 게 목표다. 나는 직장에서는 은퇴했을지 모르지만 일에서는 결코 은퇴하지 않았다. 오늘도 매일 배우고 성장하는 중이다.

Why를 다섯 번 반복하라

새내기로 일하던 시절, 어떤 문제를 발견하고 해결책을 찾으려 할 때 한 선배가 해준 말이 있다. 바로 "Why를 다섯 번 반복하라"는 말이었다.

무슨 말인고 하니 예를 들어 벽에서 물이 샌다면 물이 새는 곳에 바로 방수 처리를 하는 게 아니라 벽 깊숙한 곳 어디에서 물이 새어 나오는지를 확인하고, 그 물이 왜 나오게 되었는지 이유를 명확하게 발견할 때까지 계속 파 들어간 뒤 그 근본적인 원인을 해결해야 한다는 뜻이다. 눈앞에서 물이 샌다고 해서 그곳에만 방수 처리를 하면 다른 벽에서 언제 또 물이 샐지 알 수 없는 노릇이니 말이다.

문제를 해결하려면 그 문제의 원인가설을 만들고 해당 가설이 사실과 부합하는지를 검증한 다음 그 원인을 해소할 수 있는 해결책을 찾는 것이 일반적인 방법이다. 여기서 다섯 번 'why'를 반복하라는 얘기는 원인의 가설을 너무 피상적으로 잡지 말고 근본 원인까지 파고들라는 뜻이다. 이때 문제의 핵심을 제대로 파악하기 위해 주의할 두 가지 점을 언급하고자 한다.

첫째, 내가 생각하는 문제의 원인에 대해 철저하게 사실 관계를 확인해야 한다는 것이다. 원인에 대해 가설을 세운 뒤 그 가설에 따라 발생 가능한 일을 정리하고, 실제로 그런 일이 일어났는지를 확인하면 된다.

예컨대 벽에서 물이 새는 문제인 경우, 물이 새는 부위가 위층 온수관 누수 때문이라는 가설을 세웠다고 하자. 만일 온수관 누수가 원인이라면 해당 집 벽의 누수가 지속적으로 일어났을 것이다. 그런데 벽의 누수가 꽤 오래전에 일어난 흔적으로만 남아 있다면 이 가설은 사실과 부합하지 않는다. 아무리 여름철이라고 하더라도 샤워 등으로 일정량의 온수는 사용할 수밖에 없기 때문이다. 이렇게 되면 이 가설은 기각해야 한다. 이런 과정을 거치지 않은 채 머릿속으로만 원인을 짐작하게 되면 이에 기반한 해결책은 당연히 효과가 없다. 중요한 가설일수록 이러한 검증 과정이 반드시 필요하다.

두 번째는 인과 관계를 너무 직선적으로만 생각하면 안 된다는 것이다. 실제로 우리가 사는 세계에서는 여러 요인들이 서로 영향을 주고받으면서 결과를 도출해 내는 일이 많다. 한 가지 원인이 한 가지 결과로 되돌아오는 일은 생각보다 많지 않다. 단순히 다이어트만 보더라도 성공하기 위해서는 운동은 물론이고 식습관까지 대대적으로 손을 봐야 한다. 단지 식사량을 줄였다고 해서, 운동을 하루에 30분씩 한다고 해서 눈에 띌 만한 효과를 보기란 거의 불가능하다. 이처럼 현실에서 벌어지는 대부분의 일은 단순하게 굴러가지 않는다. 따라서 여러 요인을 모두 감안하여 원인을 찾고 해결책을 만들어야 하는데, 이를 '시스템적 사고'라고 부른다.

예를 들어 어떤 회사가 수익성을 개선하기 위해 대대적 인원 감축을 실시했다고 하자. 그런데 1년이 지난 뒤에 살펴보니 오히려 수익성이 더 나빠지고 말았다. 알고 보니 인원 감축 소문이 돌자 자기 조직과 인원을 보호하느라 부서들 사이에 잦은 갈등과 내분이 생겼고, 그 결과 현장에서 고객들에게 제공하는 서비스의 질이 급속히 나빠진 것이다. 수익성을 떨어뜨리는 요소인 인건비를 감소하기 위해 실시한 정책이 조직 내 분위기를 해치고 고객에 대한 서비스의 질을 저하했으며 매출 감소로 이어져 결과적으로 수익성이 더 악화하고 만 것이다.

만약 이 조직의 리더들이 시스템적 사고를 제대로 했더라면 인원 감축 발표와 동시에 조직 안정성을 유지하기 위한 다양한 조치가 시행되었을 것이다. 그렇게 되면 약간의 부작용이 존재할 뿐 슬기롭게 위기를 넘겼을지도 모를 일이다. 이것이 바로 우리에게 시스템적 사고가 중요한 이유다.

내가 틀릴 수도 있다

 심리학에는 '확증 편향'이라는 말이 있다. 자신의 견해에 맞는 정보만 선택적으로 받아들이고 이를 지속해서 강화하는 현상을 뜻하는 말이다.

 우리가 새로 출시된 스마트폰을 샀다고 하자. 소비자의 입장에서 현명한 판단을 했다고 믿기 때문에 해당 제품의 리뷰를 찾아볼 때도 긍정적인 정보에 집중하게 된다. 혹시나 그 제품에 대해 비판적인 리뷰를 발견하면 무시하거나 예외적인 경우라고 외면한다.

 또 다른 예도 있다. 정치적으로 특정한 선호를 가

진 사람이 그것과 관련된 언론의 기사만 계속 찾아보면서 자신의 신념을 확고히 하는 것 역시 확증 편향의 대표적인 예라고 할 수 있다.

회사 생활을 하다 보면 흔히 '예스맨(Yes Man)'이라고 불리는 사람들을 만나게 된다. 이들은 리더나 상사가 하는 말에 맞장구를 치며 "당신이 옳다"고 이야기한다. 해당 사안을 객관적이고 비판적으로 평가하는 게 아니라 무조건적인 찬사를 보내는 것이다.

인간이라면 자신의 의견에 동조해 주는 사람에게 호감이 가는 게 당연지사겠지만 조직을 이끄는 사람, 즉 리더라면 예스맨의 의견에 경계할 줄 알아야 한다. 내 시각이 좁을 수 있고, 내 주장이 틀릴 수도 있다는 걸 지적해 주는 사람을 만나고 그 의견을 수용할 줄 알아야 더 넓은 식견과 판단력을 가질 수 있기 때문이다.

경력이 쌓이고 직장 생활이 오래될수록 편견과 편

향은 자신도 모르는 사이에 두터워진다. 다양한 업무를 해내며 성과를 쌓아온 사람일수록 더 그렇다. 과거에 해봤던 일 혹은 비슷한 일을 성공적으로 해냈다면 새로 맡은 일도 비슷한 방식으로 처리하게 된다.

하지만 아무리 비슷한 일이라도 환경과 조건이 달라지면 결과 또한 전혀 예측할 수 없는 방향으로 흘러간다. 돌이켜봤을 때 내가 저지른 실책의 대부분은 과거의 성공 경험 때문에 비슷한 결정과 행동을 반복하다 일어난 것들이었다.

평생 나를 꼬리표처럼 따라다니는 모듈러 디자인 스마트폰 G5의 실패는 모토로라 레이저(razr)폰의 대대적 공세에 초콜릿 뮤직폰으로 반격해 미국 시장에서 선도업체로 자리잡게 된 성공 경험이 상당한 영향을 미쳤다. 뒤에서 자세히 얘기하겠지만 당시 우리 엔지니어링팀과 구매팀은 한국 시장에서 한정 고객층에게만 어필 가능한 초고가의 제품을 불과 몇 달 만에 미국 시장에서 대중적으로 판매할 수 있는 제품으로

환골탈태시키는 데 성공했다. 우리 팀의 능력에 대한 과신을 가지게 된 나는 모듈러 디자인의 생산 난이도를 과소평가했고 그대로 밀어붙이다 초도 양산에 실패하여 세계적인 화제몰이에도 불구하고 출시에 커다란 실패를 맞았다. 그야말로 내 직장 생활 40년을 통틀어 가장 뼈아픈 기억이라고밖에 말할 수 없다.

또 하나, 좋은 판단을 할 때 고려해야 할 점이 있다. 바로 급하게 결정하지 말라는 것이다. 결정을 쉽게 내리면 후회도 빨리 찾아온다. 일을 진행하다 보면 '아, 이게 아닌데…' 하고 결정을 번복하고 싶어지는 순간이 있다. 이럴 때는 머릿속에 결정의 데드라인을 정해두고, 그전까지는 아무리 확실한 판단이 설지라도 절대 입 밖으로 내뱉지 않는 게 좋다. 중간에 특별히 고민을 더하지 않더라도 괜찮다. 처음에 내렸던 결정과 똑같을 수도 있다. 여기서 중요한 것은 번복을 하지 않는다는 데 있다. 번복을 하지 않으면 결정에 더욱 신뢰가 생김은 물론이고 업무의 효율성도 좋아진다는 장점이 있다.

기억하자. 결정을 내리기 전에 여유와 평정은 좋은 판단을 하는 데 큰 도움을 준다.

생각의 리더십

대인 관계에 서투르고 조직 생활에 익숙하지 않던 젊은 시절의 내가 주도권을 쥐고 원하는 방향으로 일을 해나갈 수 있었던 것은 '생각의 리더십' 덕분이다. 내게 있어 생각의 리더십은 남보다 먼저 닥칠 일들과 이것이 나의 업무에 미칠 영향을 생각하고 미리 대책을 준비해 놓는 것을 의미한다.

내가 LG전자에 들어간 1986년은 플라자 합의를 통해 일본의 엔화 가치가 급상승하면서 일본 기업들이 동남아나 한국으로 생산 공장을 적극적으로 옮기기 시작할 때였다. 처음 한국 회사에 입사해서 해외 영업부서에 배치되었을 때 현장에서 잔뼈가 굵은 동료나 상사들 사이에서 입지를 확보하는 일은 참 힘들었다. 회의석상에서도 말할 기회가 거의 주어지지 않았고 어쩌다 의견을 내도 "당신이 생각하는 것처럼 간단한 일이 아니에요"라며 무시되기 일쑤였다.

이런 환경 속에서 남들처럼 위계적 조직문화를 원망하고 상사를 비난하면서 세월을 보낼 수도 있었다. 하지만 나는 아무도 하지 않는 중요한 일을 찾아 이를 통해 인정받기로 결심했다.

당시 나의 눈에 들어온 것은 국제 환경이 급변하면서 우리나라가 처해 있는 상황 역시 요동치고 있음에도 불구하고 어느 누구도 그런 환경이 사업에 미칠 영향에 대해서는 깊이 생각하지 않는다는 점이었다. 나는 조만간 우리나라 산업 전반에도 변화의 물결이 불 것이라고 확신했다.

그리고 제대로 준비한다면 내가 속해 있던 오디오 사업 분야에도 기회가 찾아올 것이라고 생각했다. 고급 전자제품을 일본에서 수입해 가던 미국 거래처들이 한국의 생산 기업들에게서 가능성을 발견하고 구입할 수 있게 되면 지금까지 저가 카세트 플레이어를 취급했던 우리 회사에서도 고가의 상품을 만들어 팔 수 있다고 생각한 것이다.

머릿속에 구상이 떠오르자 먼저 설계실 엔지니어들과 상품 기획 담당자를 만나 설득하기 시작했다. 그리고 그들과 출장에 나서 고객을 직접 만나고 시장을 돌면서 변화의 흐름을 함께 느꼈다.

처음에는 내 말에 반신반의하던 담당자들도 국제 정세의 변화를 확인하고 기회를 감지하기 시작했다. 우리는 얼마 뒤 미국 소비자들이 좋아할 만한 세련된 디자인과 스펙을 담은 제품을 만들어 해외 잠재 고객들에게 선보였다. 2년 정도 발로 뛰며 새로운 가능성을 발견해 낸 우리는 상당 수준의 물량을 확보하게 되었다(이후 원화가치의 급상승으로 이때 수주한 물량 대부분이 손실을 보게 되어 사업에 있어 환경 변화에 대한 준비의 중요성을 다시 한번 비싸게 깨닫게 되긴 했다).

이런 과정이 바로 내가 앞에서 이야기한 생각의 리더십이다. 생각의 리더십을 가지고 일하다 보면 권위를 내세우던 상사, 경쟁 상대로만 여겨졌던 동료들이 나의 꿈을 함께 이뤄줄 잠재적 지원자로 보이기 시작한다.

매일매일 습관적으로 하던 일이 내가 이루고자 하는 목표를 향한 디딤돌로 인식되며, 어떻게 하면 더 잘할 수 있을까, 어떤 것이 더 효율적인 방법일까를 고민하게 된다. 그야말로 내가 일을 주도적으로 끌고 가는 주인이 되는 것이다.

생각의 리더십이 보여주는 진정한 힘이 바로 여기

에서 나온다. 여러분은 직위에 상관없이 그 일에 대한 실질적인 리더가 된다. 문서로 규정된 권한이 없을지 모르지만 문제가 닥쳤을 때 사람들은 준비된 여러분의 의견에 귀를 기울일 수밖에 없다. 내가 하는 일에서 인정받고, 나의 의견이 업무의 방향에 반영된다면, 당연히 일이 재미있어질 수밖에 없다. 일이 재미있어진다는 것은 성과를 낼 기회가 그만큼 많아졌음을 의미한다.

생각의 리더십이 일에서 주도권을 확보하고 의미를 찾아주는 것은 맞지만 솔직히 말해 생각의 리더십을 업무에 활용하는 것은 결코 쉽지 않다. 상사나 동료들로부터 '건방지다', '잘난 척한다', '나선다'라는 얘기를 듣기 쉽고 주변 부서들로부터는 '월권 아니냐'라는 불만이 들리기도 한다. 잘 봐줘야 쓸데없이 남의 일에 신경 쓰고 다니는 사람이 된다.

그래서 다른 부서의 사안을 얘기할 때는 그것이

나의 업무와 관련된 사항임을 명확하게 밝힘으로써, 내가 해당 문제에 왜 관심을 갖는지에 대해서 납득시키려고 노력했다. 너무 서두르기보다는 기회가 있을 때마다 조금씩 동료들을 설득시키며 일의 방향을 변화시켰고, 성과를 만들어갔다. 성과가 가시화되자 동료들은 "언제 이렇게까지 변화했지? 우리 대단하다!" 하며 감탄하곤 했다.

아무리 지위가 높아도 대부분의 사람들은 미래에 대해서 잘 생각하지 않는다. 설사 미래에 대해 생각하더라도 그것의 나의 사업, 나의 일과 삶에 미칠 영향에 대해서까지는 잘 고려하지 않는다. 어차피 알 수 없고 설사 어렴풋이 안다 해도 지금 딱히 할 수 있는 일이 마땅치 않기 때문인지도 모른다.

미래는 어느 날 갑자기 닥치는 것처럼 보일 때가 많다. 인터넷이 이렇게 급속하게 확산될 것을 그 어느 누가 예측했을까? 20년 전에 스마트폰이 우리 생활에 깊이 들어와 있으리라고 생각해 본 사람이 얼마나 될까? 바이오신약의 시대도, AI 시대도 하룻밤 사이에 들이닥친 것 같다. 불과 몇 년 전까지 미국과 중국이 저렇게까지 다방면에 걸쳐 패권 다툼을 하게 되리라는 것을 상상하였는가.

그런데 사실 이런 극적인 변화가 나타나기 전 오랜 시간 물 밑에서 기술적으로, 또 사업적으로 수많은 일들이 진행되고 있었다. 그러다가 임계점에 도달하면 폭발적으로 사용이 늘어나거나 갈등이 증폭되면서 세상의 관심을 받게 되는 것이다. 그래서 리더는 평소에 세상사를 관심과 호기심을 가지고 지켜보아야 한다. 특히 본인의 업무와 직결되는 부분에 대해서는 부하들에게 의지하지 말고 본인 스스로가 해당 분야의 흐름에 대해 최고 전문가 수준이 될 만큼 공부해야 한다. 그러면서 여러 가지 가능성에 열매를 맺을 만한 작은 씨앗을 뿌려 놓아야 한다. 특정 기술이나 상품, 서비스에 대한 탐색 연구일 수도 있고 유망한 벤처 기업에 대한 지분 투자일 수도 있다. 탈중국화에 대비하여 생산기지가 될 수 있는 제3국가의 공장에 선행 투자를 할 수도, 탈세계화에 대비하여 한국 공장에 대대적인 로봇화 시스템을 구축하거나 AI 활용을 위한 파일럿 프로젝트를 기획할 수도 있다.

어쩌면 별다른 결실이 없을 수 있다. 그러나 이들 중 상황의 변화와 들어맞는 것이 있으면 폭발적 성장을 꾀하는 기회가 될 수도 있다. 그게 아니더라도 최소한 사업이 환경 변화로 인해 위기에 처하는 것을 예방하게 될 수도 있다.

석유화학 산업이 위기라지만 중국과 산유국이 언젠가는 자기 스스로 석유화학 산업을 일으켜 기초소재 분야에서 강력한 경쟁자가 되리라는 것은 오랫동안 언급되어 왔다. 어떤 회사는 대비책으로 화학 분야나 2차전지 같은 고부가가치 소재의 비중을 높여 어려운 가운데에서도 성과를 내고 있는 반면 생사의 기로에 처해 있는 회사도 있다. 이때 필요한 것이 바로 생각의 리더십이다. 조직 구성원 하나하나가 생각의 리더십을 가진 회사는 절대 무너지지 않는다.

2장

누구도 부인할 수 없는
성과로 승부한다는 것

왜 나만 카세트 테이프 플레이어야?

존스앤드존슨을 그만두고 1986년, 금성사(현 LG전자의 전신)에 경력 사원으로 입사하게 되었다. 당시 같이 채용되었던 동료들과 함께 나도 해외 영업팀에 배치되었는데 정식 명칭은 '오디오 수출부 미주과'였다. 우리 부서의 주요 고객은 GE, 라디오 쉑(Radio Shack), 시어스(Sears) 등이었고 스테레오 카세트 테이프 플레이어를 주력으로 팔고 있었다.

당시 나는 내가 맡게 된 부서가 솔직히 마음에 들

지 않았다. 왜냐하면 그전까지만 해도 오디오 사업은 미국 유명 오디오 회사의 주문자 상표 부착 생산(OEM: Original Equipment Manufacturing)을 도맡다시피 한 회사의 주력 사업이었다. 이 사업을 통해 훈련된 엔지니어들이 컬러 텔레비전이나 VCR 같은 당시의 최첨단 제품 개발과 생산을 맡고 있었는데, 내가 입사할 시점에는 주 고객인 미국 유명 오디오 회사의 매출이 떨어지면서 우리 사업도 철수를 고민할 만큼 망가졌다가 각고의 노력 끝에 겨우 손익분기점에 도달한 수준이었기 때문이다. 다른 동기들은 텔레비전, VCR, 전자레인지 등 한참 각광받는 사업부에 배치되는 데 비해 나는 사양 사업 비슷한 느낌의 일을 떠맡는 것 같은 느낌이 들었던 것이다.

역시나 일하는 내내 주력 사업에서 비켜난 느낌을 받을 수밖에 없었다. 해외 트레이드 쇼가 있어도 전시장에 배정된 별도 공간이 없는 것은 물론이고 현지 지사들이 우리 영업팀 사람들은 식사에 초대하지도 않는 등 완전히 투명 인간 취급을 받는 것 같아 자존심이 상하기도 했다.

반대로 한 가지 좋은 점도 있었다. 회사의 핵심 부서가 아니다 보니 소위 윗선의 간섭이 덜했던 것이다. "네가 할 수만 있다면 재주껏 미국 쪽 사업을 키워 봐라"라는 분위기였다. 회사 전체로 볼 때는 비주력 사업인 데다가 담당 본부장님과 부장님이 방향만 옳다면 부하 직원에게 믿고 맡기는 스타일이라 업무의 자유도가 당시 한국의 제조업 기업으로서는 드물게 매우 컸다.

주력 사업에 배치된 입사 동기들의 이야기를 들어 보면 워낙 회사 내외부에서 관심을 갖고 세세한 데까지 관여하다 보니 스스로 결정할 수 있는 일이 거의 없는 데 비해 좋은 아이디어와 실행력만 있다면 원하는 방향으로 업무를 끌고 갈 자율성이 내게는 있었던 것이다. 그래서 거래처를 확장하자는 내 나름대로의 작전을 세우고 공장 엔지니어들과 많은 시간을 함께하면서 새로운 비즈니스 모델을 만들어내기 위해 노력했다. 그리고 2년쯤 시간이 지나자 성과가 급속히 나기 시작했다. 신규 거래처를 확보한 것은 물론이고 기존 거래에서도 보다 고급 사양의 제품 매출이 늘기 시작한 것이다.

아무것도 하지 않은 채 환경만 탓하는 것은 어리석은 일이다. 어떤 일을 맡든 뛰어난 성과를 내기 위해 노력해야 한다. 나의 경험이 일반적이라고 말하기는 어렵겠지만 이런저런 이유로 성과가 기대만큼 안 나오더라도 그 경험은 후일 여러분이 하는 일에 소중한 기반이 되어 줄 것이다.

게다가 누군가 여러분의 노력을 지켜보면서 새로운 길을 모색해 줄 수도 있다. 기회는 우리가 생각지 못한 곳에서도 찾아오기 때문이다. 만일 여러분이 고속 승진을 원한다면 어느 정도의 성과가 아니라 누구도 부인하지 못할 만큼 압도적이고 뛰어난 성과를 지속적으로 만들어내는 인재가 되어야 한다.

특히 처세술이 부족하거나 성격상 인간관계를 다양하게 맺는 데 서툴다면 성과로 승부하는 것이 거의 유일한 해답이라고 할 수 있다. 나 역시 내향적인 성격 탓에 인맥을 쌓거나 상사와의 관계를 좋게 만들려고 노력하기보다는 새로운 업무를 맡을 때마다 누구도 반박할 수 없는 큰 성과를 내고자 했고, 그것이 직장인 조준호를 설명하는 키워드가 되었다.

평생 직장 vs 평생 직업

요즘은 평생 직장이 아닌 평생 직업 시대라고 한다. 회사 간판에 너무 연연하지 말고 업적과 능력을 탄탄히 쌓아 업계에서 인정받으면 평생 일할 수 있다는 얘기다. 맞는 말이다. 실제로 젊은 친구들을 보면 한 회사에 오래 몸담기보다 자신의 몸값을 높이며 현명하게 이직하는 경우도 종종 목격한다.

그럼에도 불구하고 나는 한 직장에서 인정받고 오래 근무하는 것 역시 여러 가지 이점이 있다고 생각한다. 익숙한 환경에서 쌓아온 인맥과 평판에 따른 영향력을 활용하면 훨씬 더 큰 성과를 낼 수 있기 때문이다. 개인적인 성격 탓일지는 몰라도 새로운 환경에 적응하고 낯선 사람들을 만나야 한다는 부담이 적어서인지 나는 꽤 오랜 시간을 한 직장에서 안정적인 마음으로 일에 몰두할 수 있었다.

그렇다면 어떻게 해야 오랜 시간 동안 직장에서 생존할 수 있을까? 많은 사람들, 특히나 큰 기업에서 일한 경험이 있는 사람들은 이렇게 이야기한다.

"사람 능력은 거기서 거기다. 특히 안정적인 시스템이 갖춰진 곳에서는 개개인이 탁월한 성과를 만들어낼 여지가 거의 없다. 그러니 결국에는 줄을 잘 서야 한다. 부지런히 인맥을 만들고 네트워킹을 해야 성공할 수 있다."

틀린 말은 아니다. 대기업일수록 조직의 체계가 잘 갖춰져 있는 만큼 나의 업무를 다른 사람이 맡는다고 해서 일의 성과가 엄청나게 달라지는 것은 아니다. 안정된 시스템을 갖고 있는 기업들은 업무를 맡고 있는 사람의 역량에 상관없이 일정 수준의 성과를 내도록 디자인되어 있기 때문이다.

오히려 '자리가 사람을 만든다'라는 말처럼 사원 시절에는 별로 눈에 띄지 않던 직원이 승진해서 관리직을 맡고부터는 달라 보인다는 말을 듣기도 한다. 그렇다 보니 자신의 능력이 맡은 업무를 잘 해낼 수 있을까를 고민하기보다 무조건 높은 자리, 핵심 부서로 가고자 발버둥치는 사람이 많은 것도 오늘날 직장 생활의 현실이기도 하다. 승진 기회를 잡기 위해 상사의 기분을 살피고, 회사 내 권력자들과 친분을 쌓기 위해 노력하는 사람들은 실제로도 꽤 많다.

하지만 나는 '자리가 사람을 만든다'는 말이 더 이상 통하지 않는 시대가 왔다고 생각한다. 요즘처럼 기술적·환경적 변화가 빠른 시기에는 '사람이 자리를 만든다'라는 말이 더 명확하다. 리더의 능력과 판단에 따라 성과에 엄청난 차이를 가져올 수 있기 때문이다.

대표적인 예가 우리가 즐겨 보는 넷플릭스다. 넷플릭스는 원래 DVD 대여 서비스로 출발했지만 2007년 본격적인 스트리밍 서비스로 전환하였다. 당시만 해도 인터넷 인프라가 충분치 않았지만 미래 트렌트가 콘텐츠 중심 구조로 재편될 것이라는 리더의 판단력 때문이었다. 그 결과는 어떠한가? 전 세계인이 열광하는 〈오징어 게임〉을 비롯해 글로벌 스트리밍 시장의 선두이자 OTT 산업 중심 기업으로 성장했다.

88올림픽의 저주

1988년 하면 무엇이 가장 먼저 떠오르는가? 아마 서울 올림픽일 것이다. 그때는 대한민국이 개발도상국을 졸업하고 어엿한 중견 국가로 발돋움할 때라 회사원들의 월급도 많이 오르고 경제 상황도 제법 괜찮아졌다. 그래서 많은 사람들의 기억 속에는 모든 것이 수월하고 풍족했던 시절로 아름답게 기억되고 있을 것이다.

하지만 당시 수출 일선에 있던 나에게는 조금 다

른 기억이 있다. 임금이 빠른 속도로 오르고 달러 대비 원화 가치가 상승하면서 수출 채산성이 엄청나게 나빠졌기 때문이다. 해외 고객을 위한 주문자 상표 부착 생산, 즉 OEM이란 것이 대개 1년 전에 단가를 정해서 계약하기 때문에 수주해 놓은 대부분의 프로젝트가 적자로 전환된 것이다. 이미 체결된 계약을 번복하면서까지 거래처들에게 가격 인상을 요구할 수밖에 없었고 프로젝트를 중단시키는 일까지 비일비재하게 벌어졌다. 아마 내가 가장 많은 욕을 들었던 시기가 이때였던 것 같다.

힘든 시절을 보내며 내가 깨달은 사실이 하나 있다. 바로 아무리 열심히 성과를 낸다고 해도 환경이 바뀌면 그 성과가 전혀 쓸모없는 일이 되어버릴 수도 있다는 것이다.

생각해 보면 이는 너무나도 당연한 말이다. 성과

라는 것은 조직의 준비 태세가 그 시점에서의 환경과 맞아떨어질 때 이루어진다. 준비 태세라는 것은 하루 이틀 사이에 완성되는 것이 아니다. 짧으면 1년, 길게는 5~6년이 걸리기도 한다. 이런 상황에서 새로운 기술이 등장하면서 환경이 급변한다면 우리가 애써 준비해 온 모든 일들이 수포로 돌아갈 수밖에 없다는 뜻이다.

미래 환경에 대해서는 어느 시점에서나 다양한 견해가 존재한다. 어느 견해를 택할지는 우리의 직관에 기반한 판단과 결심이다. 결국 우리에게 중요한 것은 충분한 경험과 성찰을 통하여 직관을 내재화하는 노력이다.

직관이라는 것은 막연하게 드는 감정이 아니다. 배우고, 익히는 과정에서 자신도 모르게 갖게 되는 차별화된 능력이다. 따라서 불확실한 상황에서 제대로 된 판단을 내리기 위해서는 평소에 시장 변화를 눈여겨

보고, 그동안 쌓은 지식과 기술, 경험을 논리적으로 통합하여 결론을 내린 뒤 그 결론이 맞으면 맞은 대로, 안 맞으면 안 맞은 대로 그 원인을 성찰하는 연습이 반드시 필요하다.

지금은 그 어느 때보다 빠르게 환경이 변화하고 있다. 우리나라 직장인들의 실질 은퇴 연령이 49세라고 한다. 어렵게 입시와 취업 경쟁을 뚫고 들어간 직장에서 20년도 채 다니지 못하는 게 현실이다. 퇴직 후 관련 분야로 재취업을 시도해도 성공하기란 쉽지 않다. 대기업의 체계와 운영 방식에 익숙하던 사람들이 모든 것을 스스로 해결해야 하는 중소기업에 적응하지 못하고 1~2년 만에 다시 나오는 것을 수없이 목격했다.

엎친 데 덮친 격으로 AI의 급격한 발전은 이제 전문직까지 위협하고 있다. 불과 몇 년 전만 해도 기업들이 거액을 주고 스카우트하던 IT 엔지니어들이 지금은 소수의 특별한 인재를 제외하면 명예퇴직 위기에 놓여 있다. AI 덕분에 코딩 생산성이 크게 향상되었기 때문이다. 데이터 패턴을 분석하는 변호사, 의사, 증권 분석가는 물론, 소설가나 화가처럼 감성을 다루는 직종까지 AI의 영향에서 자유롭지 못하다. AI가 만든 작품의 예술성에 대해 논란이 있었지만, 인간의 작품과 구별하기 어려워지면서 그러한 논란 자체가 무의미해지고 있다.

결국 우리에게 필요한 것은 자기만의 전문성을 확보하는 일이다. 회사라는 조직 밖에서도 언제든지 독립적인 전문가로 활동할 수 있는 능력 말이다. 자신의 전문 분야 외에 부수적인 업무에 대해서는 운영지원회사의 도움을 받으면 된다. 운영지원회사는 실제로 1인 기업가들이 핵심 업무에만 집중할 수 있도록 행정, 마케팅, 재무 등을 효율적으로 지원해 주는 미래형 비즈니스 모델이다. 1인 기업가가 될 수 없다면 전문 업무지원회사를 차리는 것도 좋은 전략이라고 생각한다. 다양한 분야에서 현실화되고 있는 몇몇 구체적인 전문 영역에 대해 소개하니 자신의 현재 위치를 점검함과 동시에 미래 계획을 세워보기 바란다.

- 심리 상담: 직장 생활을 오래 한 상담 전문가가 퇴직 후 개인 상담소를 운영하고, 운영지원회사는 온라인 홍보물을 만들고 고객의 상담 일정과 비용을 정산할 수 있는 관리 툴을 제공하여 행정 업무를 지원한다.
- 자산 관리: 증권회사 애널리스트가 퇴직 후 개인 고객을 위한 자산 포트폴리오 컨설팅 1인 기업을 운영하고, 운영지원회사는 고객 관리 및 세무 업무를 자동화하는 시스템을 돕는다.
- 세무·회계: 회사에서 회계 업무를 담당하던 사람이 퇴직 후 개인 세무사무소를 열고, 운영지원회사는 고객 유치를 위한 홍보 콘텐츠 제작 툴과 서류 자동화 시스템을 지원한다.
- 출판: 작가는 창작 활동에만 전념하고, 운영지원회사가 편집, 인쇄, 유통, 강연 일정 관리 툴을 대행해 주는 소규모 형태도 가능하다.

- **로봇 기술·AI 활용 교육**: 전문 강사는 기술 연구 및 교육에만 전념하고, 운영지원회사는 학생 모집 및 홍보를 돕는 시스템을 제공한다.
- **브랜드 컨설팅 및 디자인**: 대기업 마케팅 부서나 디자인 에이전시에서 오랫동안 브랜드 전략 및 디자인 업무를 담당하던 전문가가 퇴직 후 1인 기업을 설립한다. 운영지원회사는 계약 및 비용 정산, 행정 서류 작업을 돕고, 전문가는 오직 브랜드 콘셉트 기획, 로고 디자인 제작 등 핵심 업무에만 집중한다.
- **HR 컨설팅 및 기업 교육**: 대기업 인사팀에서 인재 채용, 교육, 조직 문화 구축 업무를 담당하던 베테랑이 1인 컨설팅 기업을 시작한다. 이 전문가는 중소기업이나 스타트업을 대상으로 조직 진단, 맞춤형 인재상 정립, 리더십 교육 등을 제공한다. 운영지원회사는 고객사 모집을 위한 홍보 채널 관리와 강의 스케줄을 조정함으로써 전문가의 업무 효율을 높인다.
- **데이터 분석 및 리포팅**: IT 기업에서 데이터 분석가로 일하던 사람이 퇴직 후 1인 기업을 차린다. 이 전문가는 다양한 기업들에게 비즈니스 데이터를 분석해 주고, 시장 트렌드나 고객 행동 패턴에 대한 통찰력 있는 리포트를 제공한다. 운영지원

회사는 분석 요청 접수, 데이터 수집, 보고서 디자인 및 전달, 고객 피드백 관리 등을 지원한다.

- **법률 자문 및 서류 작성:** 로펌에서 근무하던 변호사나 법률 전문가가 퇴직 후 소상공인이나 개인을 대상으로 1인 법률 자문 서비스를 제공한다. 복잡한 소송보다는 간단한 계약서 검토, 법률 문서 작성, 소규모 분쟁 해결을 위한 자문 등에 초점을 맞춘다. 운영지원회사는 상담 예약 시스템 운영, 서류 양식 관리, 기본적인 법률 정보 검색 및 정리 등을 지원함으로써 전문가의 업무 부담을 줄여준다.

- **예술 작품 전시 및 판매 대행:** 화가나 조각가 등 예술가가 창작 활동에만 몰두할 수 있도록 돕는 1인 전문 기업이다. 예술가는 작품 활동에만 전념하고, 운영지원회사는 작품 사진 촬영, 온라인 갤러리 구축, 홍보, 전시 공간 섭외, 판매 및 배송, 수익 정산 등을 체계적으로 관리해 준다. 이를 통해 예술가 개인의 브랜드 가치를 높이고 작품 활동을 지속할 수 있는 기반을 마련해 준다.

- **스마트 농부·축산 전문가:** 전통적인 농업·축산업은 이제 첨단 기술과 결합하고 있다. 스마트팜 전문가들은 직접 농작물

을 심고 가축을 돌보면서도, 센서와 드론으로 수집한 데이터를 분석해 작물의 생장 환경을 최적화하거나 질병을 예측한다. 스마트폰 앱을 통해 관수, 온도 조절, 사료 공급 등을 원격으로 제어하는 디지털 역량은 필수적이다.

· 드론 측량사·건설 전문가: 건축 현장에서 직접 발로 뛰며 공정을 관리하는 동시에 드론을 조종하여 현장을 촬영하고 3D 모델링 데이터를 생성하는 전문가이다. 드론으로 얻은 고해상도 이미지를 분석해 공사 진척도를 확인하고, 토목 측량 데이터를 디지털화하여 공사 계획에 반영하는 등 현장 업무와 디지털 분석 능력을 동시에 요구한다.

· 웨어러블 기기 활용 피트니스 코치: 고객의 운동을 직접 지도하며 자세를 교정하는 기존의 업무에 더해 스마트 워치, 스마트 밴드 등 웨어러블 기기에서 수집한 고객의 심박수, 수면 패턴, 활동량 데이터를 분석해 맞춤형 운동 프로그램을 제공한다.

· 로봇·자동화 설비 유지보수 기술자: 공장이나 물류 창고에서 로봇이나 자동화 설비가 원활하게 작동하도록 직접 점검하고 수리하는 일을 한다. 동시에, 태블릿이나 노트북을 이용해

로봇의 작동 데이터를 분석하고, 소프트웨어 업데이트를 진행하며, 고장 원인을 진단하는 등 디지털 시스템에 대한 깊은 이해가 요구된다.

· 디지털 목수·가구 제작자: 전통적으로 나무를 다루는 기술과 함께 3D 모델링 소프트웨어(CAD/CAM)를 활용해 가구를 디자인하고, CNC(컴퓨터 수치 제어) 목공 기계를 조작하여 정교하게 부품을 가공하는 직업이다. 수작업의 섬세함과 디지털 도면을 다루는 능력이 결합되어, 주문 제작 가구 시장에서 높은 경쟁력을 가질 수 있다.

GM과 전기차 시장을 선점하다

특정 영역에서 압도적 성과를 내는 기업이 전략적 파트너를 찾아 공동의 목표를 달성하는 경우가 있다. 기업 간 예시이기는 하지만 '어떻게 성과를 낼 것인가'를 고민하는 이들에게는 분명 좋은 지침이 되어 줄 것이다.

본격적 전기차 시대가 도래하기 전인 2000년대 초반, LG전자와 GM은 전기차 시장을 선점하기 위해 '1회 충전으로 320킬로미터 주행이 가능하고 가격이

5천만 원 이하인 전기차를 생산하자'라는 프로젝트를 함께 진행한 적이 있다.

이때 LG전자는 배터리, 동력 조절 시스템, 모터 및 변속 장치 등 전기 관련 부품 솔루션을 종합적으로 제공하고 GM은 완성차 설계, 시험, 양산 등의 과정을 맡아 전기차 개발 기간을 단축하고 제품 완성도를 높였다. 사실 이전까지는 GM과 같은 자동차 업계의 명문이 가전 및 IT 관련 기업과 대등한 관계에서 첨단 전기차 개발 프로젝트를 함께 추진한다는 게 상상하기 어려운 일이었다.

하지만 당시 미국 자동차 업계는 상황이 좋지 않았다. 정부의 자금 수혈로 연명하는 중이었고 당연히 사업 영역 축소 및 대규모 인력 구조 조정이 진행되고 있었다. GM은 일찍부터 전기차의 가능성에 주목하고 상당한 기술 투자를 해왔지만 회사의 존망이 위태로운 상황에서 당장 현금 창출에 도움이 되지 않는 프로젝트는 구조 조정의 대상이 될 수밖에 없었다.

그런 와중에서 토요타의 하이브리드 차량인 프리우스가 전 세계적인 인기를 얻으면서 전기차에 대한 관심이 다시 업계 전체에 일어났다. 온전히 전기의 힘으로 이동하는 차량은 2030년 이후에나 본격화될 것이라는 전망이 우세했을 때라 하이브리드 자동차에 대한 관심이 주를 이룰 때였다. 하지만 만약을 대비해 장기적인 관점에서 전기차 모델을 개발해야 한다는 목소리도 많았다. 일종의 보험성 투자인 셈이다.

GM 역시 당연히 고민에 빠질 수밖에 없었다. 전기차 개발의 필요성은 누구보다 잘 알고 있지만 그동안 축적된 기술과 인력은 구조 조정을 통해 모두 사라졌고, 새로 투자할 돈도 없는 상황이었다. 이때 전기차를 미래 유망 신사업 기회로 보고 관련 부품 및 소프트웨어 기술에 투자해 온 LG가 GM에 통상적 납품 계약이 아닌 대등한 관계에서의 협업을 제안한 것이다. 전통적인 GM 구조 내에서였다면 쉽지 않은 결정이었겠지만 당시 GM의 경영진은 구조 조정 과정에서 새롭게 선임된 금융계와 IT 업계 출신들로 꾸려져 있었다. 그들은 이 프로젝트를 통해 GM이 가전이나 IT 업계의 신속한 제품 개발 및 유연한 조직 운영 방식을 배우기 바랐던 것 같다.

결과는 대성공이었다. GM은 포기했던 전기차 시장에서 입지를 다시 세울 수 있었고 LG는 전기차 배터리 선두업체로 도약하며 시장을 선점할 수 있었다. GM은 품질 관리가 까다롭기로 유명했던 기업이었기 때문에 다른 자동차 회사들도 "GM을 만족시켰다면 믿을 만하다"며 LG를 우선 협상 기업으로 선정했고 LG는 기술 개발 및 상용화 전 과정을 통해 쌓아온 노하우를 토대로 타사들과는 비교가 되지 않는 경쟁력을 갖추게 되었다. 그리고 제품 개발과 파트너 발굴 및 관계 구축에 혁혁한 공헌을 했던 임직원들은 회사 내에서 굳건한 위치를 차지했으며, 전체 프로젝트의 후

원자 역할을 했던 나 역시 회사로부터 전폭적인 신뢰를 받으며 빠르게 승진의 기회를 얻을 수 있었다.

공격할 때는 언제인가

상대가 우리보다 크고 강력한 경우에는 조용히 힘을 키우는 게 생존을 위한 탁월한 전략일 것이다.

2000년대 중반 미국 휴대폰 사업을 맡았을 때가 그랬다. 우리의 주요한 전략은 당시 선두업체의 눈에 띄지 않도록 조용히 성장하는 일이었다. 상당한 영향력을 확보하기 전에 잠재적인 적으로 인식되면 각종 견제를 받아 치명적인 타격을 받는다는 사실을 여러 번 목격했기 때문이다. 하지만 우리 몸집이 커져서 상대가 저절로 의식하기 시작할 때가 되면 판단해야 한다. 계속 몸을 낮추고 숨을 것인가, 아니면 한판 붙을 것인가.

반대로 우리가 선두업체라면 경쟁사들이 체력을 갖추지 못했을 때 먼저 공격해 자라나지 못하게 하는 게 가장 좋다. 일정 규모를 넘어서면 공격을 하는 기업도 피해를 입을 수밖에 없으니 가급적 초기에 제압해야 하는 것이다. 상대에게 선을 그어놓고 여기를 넘으면 안 된다는 분명한 메시지를 주고, 상대가 실제로 선을 넘는다면 확실하게 공격해 우리의 의지를 확인시켜야 한다.

대부분의 경우 경쟁사를 공격하려면 상대보다 월등한 자원이 필요하지만 반드시 그런 것만은 아니다. 적절한 선제 공격은 적은 자원으로도 큰 효과를 거둘 수 있다.

예를 들어 특정한 기업의 수익 대부분을 차지하고 있는 고객이 있다고 해보자. 이때 우리가 그 고객에게 더 저렴한 가격에 물품을 제공한다면 원래 물품을 제공하던 기업의 수익은 대폭 줄어들 것이다. 물론 약간 저렴한 가격에 물건을 공급한다고 해서 바로 우리로 거래처를 바꾸지는 않겠지만 최대한 노력해 조금이라도 거래를 하기 시작하면 고객 입장에서는 우리를 경쟁사를 견제하기 위한 도구로 활용할 수 있다. 우리에겐 크지 않은 수익이지만 경쟁사 입장에서는 많은 물량을 저렴한 가격에 제공해야 하므로 결과적으로는 큰 손실을 입을 수밖에 없다.

한두 번 이런 일이 반복되면 불안해진 상대가 잘못된 판단을 내리기 쉬워진다. 이때 꾸준히 공격하면 결국 힘의 균형은 바뀔 수 있다. 우리의 주요 수익원에 큰 타격을 입지 않으면서 경쟁사의 수익원에는 큰 피해를 입히는 것이다.

또 한 가지, 환경 요건이 맞지 않을 때에는 공격 대신 때를 기다리는 일이 필요하다. 과거 LG유플러스가

LG텔레콤이라는 이름으로 뒤늦게 이동 통신 사업에 뛰어든 적이 있다. 당시 LG텔레콤이 배정받은 전파는 기존 플레이어들보다 훨씬 통신 품질이 떨어지는 고주파 대역이었다. 말하자면 열등재를 팔 수밖에 없는 상황이었던 것이다.

LG텔레콤은 악조건 속에서 고객을 확보하기 위해 더 많은 혜택을 제공했지만 그렇게 해서 어렵사리 확보한 고객마저 쉽게 떠나가곤 했다. 이처럼 아무리 잘해도 환경적으로 불리하게 되어 있을 때 전략적 판세가 기울어져 있다고 말한다. 전략적 판세가 불리하게 형성되어 있기 때문에 LG텔레콤은 후발 업체로써 오퍼레이션과 마케팅, 특별한 단말기 개발 등 여러 분야에서 엄청난 노력을 했지만 주파수 대역 차이로 인한 근본적인 열등재라는 고객들의 인식을 만회할 수는 없었다.

이후 4G 시대에 와서야 LG텔레콤은 다른 경쟁사 못지않은 양질의 주파수 대역을 확보할 수 있었고 대등한 상품력으로 경쟁할 수 있게 되면서 오늘날 이동통신 시장의 3강 자리를 지킬 수 있었다.

일단 시작하면 끝장을 볼 때까지

 앞서 이야기했듯이 제일 좋은 공격은 언제나 주 타깃 시장을 경쟁사 모르게 조용히 침투해 들어가는 것이다. 이때 우리의 의도를 가리기 위해 주 타깃이 아닌 시장에 가벼운 공격을 가끔씩 하는 것도 필요하다. 상대방에게는 상당 기간 우리가 그저 좌충우돌하는 것처럼 보이기 위해서다. 상대에게 큰 손실을 주지 않더라도 우리의 진정한 목표를 알 수 없게 포장할 수 있으면 나름 성공이라고 볼 수 있다.

 솔직히 말해 이런 이야기는 현실에서 거의 일어나

지 않는 이상적인 경우에 가깝다. 보통의 경우 상대방에게 중요한 시장(혹은 고객)을 공격하는 것은 모두 함께 망하는 길이 될 수 있기 때문에 함부로 실행하기 어렵다.

"전쟁은 비합리적이다"라는 이야기에 동의하는가? 아마 대부분 그렇다고 답할 것이다. 그런데 생각해 보자. 제1차 세계 대전을 누가 일으켰는가? 왜 그렇게 많은 인적·물적 손실이 발생했음에도 불구하고 오랜 기간 전쟁이 지속되어 왔을까?

제1차 세계 대전을 심도 깊게 다룬 김정섭 작가의 책 『낙엽이 지기 전에』에서는 각 나라의 지도자들 중 누구도 전쟁을 원하지 않았다고 이야기한다. 또 전쟁이 나더라도 책 제목처럼 낙엽이 지기 전에 끝날 것이라고 예상했다고 한다. 하지만 결과는 어떠했나?

여러 참가자들의 행동이 대응을 야기하고, 그 대응이 또다시 대응을 야기하는 연쇄 반응이 일어나면서 결국 누구도 원치 않았던 참혹한 전쟁이 수년간 지속되었고 모두가 엄청난 피해를 입지 않았던가.

비즈니스 전쟁도 이와 크게 다르지 않다. 우리의 행동이 상대의 대응을 야기함으로 인해 누구도 원치 않는 연쇄적인 확전(擴戰)이 일어날 가능성이 항상 도사리고 있는 것이다. 따라서 상대방이 언젠가는 넘어야 할 산이고 승산이 있다고 판단할 경우에는 끝장을 볼 생각을 하고 철저히 준비하여 공격해야 한다.

공격도 일회성이 아니라 상대의 대응을 예측해 2파, 3파의 공격을 미리 준비한다. 당연히 여기에 필요한 자원을 미리 확보하고 조직원들을 훈련시킨다. 미리 이런 현실이 유출되면 경쟁사의 경계를 유발할 수 있으므로 어디를 염두에 둔 것인지를 알아보기 힘들게 일반화한 가상의 상황을 상정하여 훈련시키는 것이 좋다.

군사 전략 중에 '무게 중심(Center Of Gravity)'이라

는 것이 있다. 공격을 할 때 적의 무게 중심에 집중하여 타격하라는 뜻이다. 걸프전 당시 미국이 이라크의 주요 급소를 전면 공습하여 레이더 기지와 주요 전략 거점을 파괴하면서 제공권을 장악하고 전쟁의 승기를 잡게 되면서 세상에 널리 알려진 개념이다. 여기에서 무게 중심은 일반적인 표현으로 급소라고 할 수 있겠는데, 적의 병참 기지나 최고 사령부, 탄약고, 핵심 비행장, 레이더 기지, 전산 센터와 같이 그곳을 제거하면 전 군이 제대로 된 작전 활동을 할 수 없게 되는 곳을 말한다. 한 곳을 폭격했더니 그 타격 지점을 중심으로 충격파가 퍼져 나가 주변에 있는 모든 건물과 화약고, 비행기들을 파괴시키는 장면을 연상해 보면 될 것이다. 기왕 전면전을 벌이기로 마음먹었다면 적의 무게 중심을 집중적으로 공격하여 주도권을 확보하는 것이 승리를 부르는 최고의 전략이 될 것이다.

가장 좋은 방어는
상대가 공격할 마음이 안 들게 하는 것

 자신이 선두업체에 속해 있든, 후발주자에 속해 있든 가장 좋은 방어법은 '나를 건드리면 너도 무사하지 못할 것이다'라는 사실을 상대에게 분명하게 인식시키는 것이다. 다시 말해 자신이 업계 선두라면 미리 선(레드라인이라고 부른다)을 그어 놓고 이 이상 들어오면 응징하겠다고 선언한 뒤 시범 케이스를 통해 이 선언을 지킬 의지와 능력이 있음을 확실하게 보여줌으로써 경쟁자들이 감히 공격할 수 없게 만드는 것이다.

내가 상대적 약자인 경우도 마찬가지다. 나의 지적 재산을 다른 회사에 몰래 제공한다든지, 내 주요 고객을 경쟁사가 파고 들어오거나 우리 회사의 주요 인재들을 빼낼 경우 어떻게 보복할 것인지에 대해 평소에 강구해 둔다. 회사 전체를 무너뜨릴 수야 없겠지만 그런 일을 벌이는 책임자 개인을 법적으로나 대외적으로 공격할 수도 있다. 작지만 지독한 회사라는 평판을 얻어 놓으면 건드리려다가도 한 번 더 생각하기 마련이다. 물론 이런 일이 없는 것이 제일 좋지만 원래 현실은 드라마보다 독한 일이 더 많이 일어나는 법이다. 최대한 다양한 상황에 맞는 대안을 만들어두는 게 좋다.

다시 한번 전쟁 이야기를 해보겠다. 전쟁 전략을 연구하는 사람들 사이에 '고슴도치 전략'이라는 개념이 있다. 고슴도치는 작고 힘도 없고 움직이는 속도도 느리지만 온몸에 가시가 있어 맹수들도 잘 건드리지 않는다.

주변이 강대국으로 둘러싸인 대한민국의 국방 전략도 기본은 고슴도치 전략이라는 말을 많이 한다. 우리나라의 국력이 과거와는 비교도 안 될 만큼 성장했다고 하지만 아무리 군비에 투자를 많이 해도 미국과의 동맹을 통해 북한에 대해서나 효과적으로 대처할 수 있을 뿐 중국이나 일본, 러시아 같은 대국들을 상대로 본격적인 전쟁을 치르기는 어렵다. 그래서 우리 군은 아무리 강대국이라도 우리를 침범하면 치명적인 타격을 각오해야 한다는 것을 인식시키려고 노력하고 있다. 사정거리가 북한을 훨씬 넘어서는 강력한 탄도 미사일이나 순항 미사일을 보유하고 잠수함 전력을 강화하고 대양 해군, 장거리 타격이 가능한 공군력을 갖추려는 노력이 주변 강국들을 이길 수는 없겠지만 건드리면 너희도 결코 무사하지 못할 것이라는 메시지를 주는 투자들이다.

중국의 대만 침공 가능성에 대한 우려가 사라지지 않고 있다. 중국이 침공할 경우 대만이 독립을 지키겠다는 결연한 의지를 가지기만 하면 중국에 치명적인 타격을 줄 수 있는 수단을 준비하고 있다고 말하는 비평가들이 있다. 삼협 댐을 미사일이나 전투기를 동원하여 무너뜨린다는 것이다. 삼협 댐은 중국 후베이성 이창시에 위치해 있으며 양쯔강 중류를 가로막아 건설한 댐인데 댐의 총 저수량이 393억 세제곱미터로 소양강 댐 총 저수량인 29억 세제곱미터보다 무려 열네 배나 많다.

댐이 무너져 물이 한꺼번에 쏟아지면 이창시는 물론 우한과 광저우, 난징, 상하이까지 큰 피해를 주어 이재민이 수억 명에 이를 것이라고 한다. 물론 이런 대응은 자신의 멸망도 수반할 것이기 때문에 함부로 사용할 수 없는 그야말로 최후의 수단이다.

북한이 핵무기와 장거리 미사일을 개발하는 것도 결국은 "우리를 건드리지 마라. 건드리면 같이 죽는 수가 있다"는 고슴도치 전략이라 할 것이다. 문제는 미국에게는 고슴도치 전략을 써놓고 한국에 대해 재래식 공격을 하면서 한국이 결정적 반격을 하면 핵공격을 하겠다는 위협을 하면 우리로서는 전략적으로 매우 난처해진다는 데 있다. 이렇게 객관적 국력에서는 비교가 안 되는 나라끼리도 약자가 고슴도치 전략을 쓰면 강대국으로서도 손을 쓰기 어려워진다.

회사들 간의 경쟁에서도 마찬가지다. 절대적 약자일지라도 선을 넘으면 죽기를 각오하고 공격하겠다는 의지를 가지고 있으면 선도업체로서도 공격할 때 한 번 더 생각하게 될 것이다.

상대가 공격해 오면 방어가 아니라 반격

나의 직장 생활 중 가장 어려웠던 순간 중 하나는 미국에서 휴대폰 사업을 맡고 있던 중 모토로라가 당시 세계적 히트 상품이던 레이저(RAZR)폰의 가격을 대폭 인하하여 물량 공세를 폈던 2006년이었다. 모토로라는 레이저폰의 인기가 약간 쇠퇴하는 조짐이 보이면서 몇 번 후속작을 출시하였으나 실패하던 중이었다.

그들은 최후의 카드로 미국 주요 통신 사업자에게 레이저폰에 대한 파격적인 가격 인하를 대가로 대규모 물량을 구매해 줄 것을 제안했고 (당시는 통신 사업자들이 휴대폰을 구매한 뒤 자사 유통망을 통한 서비스 플랜과 결합하여 소비자에게 판매하는 것이 주된 방식이었다) 이것이 먹혔다. 덕분에 우리를 포함해 전 세계 휴대폰 메이커들의 상반기 판매가 거의 없어지다시피 한 상황이 되고 말았다.

다행히 우리 회사는 주요 통신 사업자로부터 보급형 휴대폰의 믿음직한 공급자로서 깊은 신뢰를 받으면서 긴밀한 소통을 하고 있었기 때문에 레이저폰의 인기를 믿고 벌이는 모토로라의 압박과 갑질에 대한 불만과 우려를 알아차릴 수 있었다. 그리고 발 빠르게 이 점을 보완할 수 있는 사업 계획을 만들어 본사의 승인을 받아 제안했다.

당시 내가 준비한 사업 제안의 내용이 워낙 파격적이고 커다란 당기 손실을 포함하고 있어 재무 부문에서 우려를 많이 했지만 CEO가 그간의 미국 현장 방문을 통해 보고 내용이 철저히 실행되고 있다는 점을 확인했었고 뒤에서 자세히 얘기하겠지만 중국 내 제조 라이선스 획득 프로젝트를 통해 형성된 나에 대한 신뢰 덕분에 보고 당일 승인되었다.

나의 계획은 이러했다. 통신 사업자들은 약속된 레이저폰의 물량을 처리하기 위해 모든 마케팅 자원을 소진할 수밖에 없고, 이로 인해 신규 가입자 확보에 필요한 보급형 휴대폰 판매에 쓸 재원이 거의 없는 상황일 것이다. 따라서 통신 사업자와 우리 회사가 보유한 기존 재고를 최대한 빨리 소진할 수 있도록 공동 프로모션을 제안하고 연말 한정 물량으로 계획되어 있던 프리미엄 폰 3종을 앞당겨 출시한다는 것이다.

다른 경쟁사들은 통신 사업자들에 항의하고 내부적인 책임을 묻는 등 혼란스러운 상황 속에서 오직 우리만이 고객의 니즈에 들어맞는 사업 제안을 가지고 선제적으로 치고 나갔던 것이다.

사실 우리 회사는 앞서 수년간 프리미엄 폰 시장에 진입하고자 노력하고 있었다. 신모델을 개발하고 판매를 위해 열을 올렸지만 통신 사업자들은 "당신들은 보급형 시장에나 집중하시오"라고 하면서 길을 열어주지 않았던 것이다. 그들이 그렇게 대응할 수 있었던 까닭은 모토로라의 레이저폰이 프리미엄 시장에서 워낙 강했기 때문이었다. 따라서 우리로서는 통신 사업자들의 지원을 등에 업고 프리미엄 시장을 공략할 절호의 기회를 얻게 된 셈이었다. 약속대로 우리는 적기에 초콜릿폰을 비롯한 프리미엄 폰을 개발해 공급했고 전력을 다하여 마케팅했다.

사실 납품 모델을 원 계획보다 더 일찍 개발 완료하여 납품한다는 것은 전무후무한 일이었다. 당시만 해도 망 접속 관련 수많은 테스트를 시행하고 통과하는 것은 시간이 오래 걸릴 뿐 아니라 워낙 많은 메이커 모델이 대기 중이라 순서를 받기도 쉽지 않았다. 하지만 우리 기술진의 영웅적인 노력을 곁에서 지켜본 통신 사업자들이 망 접속 시험에 최우선 순위를 주는 등 적극적인 지원을 해주었다.

결과는 대성공이었다. 초콜릿폰은 세계 최초로 터치스크린을 적용한 파격적인 모델로 출시 직후부터 큰 관심을 받았다. 디자인에서도 호평이 잇따랐다. 초콜릿폰은 원래 한국 시장을 대상으로 한 초고가 모델로 기획되었으나 신임 CEO의 주도하에 전 세계를 대상으로 한 고가 대량 모델로 콘셉트가 변경, 확정되었다.

미국 시장에서는 이 콘셉트를 기반으로 음악 듣기에 최적화된 사용자 인터페이스를 추가하여 레이저폰의 대항마로 내세웠는데 이게 젊은 층에게 제대로 먹혀들었다.

지금도 많은 사람이 크리스마스에 나온 초콜릿폰 세 대가 음악에 맞춰 춤추는 광고를 기억한다고 한다. 당시 LG 초콜릿폰의 대성공은 단순히 제품의 성공을 넘어 LG를 혁신적인 프리미엄 브랜드로 각인시키는 데 크게 기여하였다.

초콜릿폰의 성공에 힘입어 우리는 얼마 되지 않아 북미 휴대폰 프리미엄 시장에서 선두주자가 되었고 모토로라는 레이저폰의 쇠퇴와 함께 무대에서 사라졌다. 제대로 된 반격이었던 셈이다.

만일 우리가 다른 경쟁사들처럼 통신 사업자들의 주문 취소에 항의하면서 때를 놓쳤으면 어떻게 되었을까? 기존 모델 재고 판매는 사업자들이 우선순위를 주지 않을 테니 오랜 세월에 걸쳐 그만큼 더 낮아진 가격으로 공급해야 했을 것이고, 엄청난 양의 재고를 그냥 폐기해야 했을 것이다. 당시 상대적으로 체력이 부족하였던 LG는 미국에서의 사업을 접어야 했을지도 모른다.

또 한 가지 언급할 것이 있다. 당시 우리 회사 개발

및 생산 팀의 영웅적인 노력으로 아무도 가능하다고 생각하지 못했던 버라이즌 통신사를 통한 초콜릿폰과 쿼티폰, AT&T에서 출시될 3G 폰의 일정을 파격적으로 당긴 성공 경험은 내게 "하니까 되더라"라는 과도한 자신감을 가지게 했다. 이 과도한 자신감이 훗날 모듈라 폰 G5 대량 생산의 어려움을 과소평가하여 (우리 팀의 능력을 너무 과대평가했다는 것이 더 맞을지 모르겠다) 사업 실패에 이르는 단초를 제공하였으니 사람 일은 정말 알 수가 없다.

모토로라 레이저폰의 몰락을 보면서 내가 배운 것 중의 하나는 공격을 받을 때 반격 없이 수비만 하는 것은 자살 행위나 다름없다는 사실이다. 방어를 한 후 기회를 보아 반격을 하는 것이 아니라 방어와 동시에 반격을 해야 한다.

재미있는 것은 내가 취미로 무술을 조금씩 배우고

있는데 거기에서도 똑같은 얘기를 한다. 수비와 반격을 동시에 하는 것이 이 무술의 요체이다. 왜냐하면 어떤 싸움이든 공격을 받을 때 방어만 하다 보면 상대의 페이스대로 끌려다니다 결국은 힘이 소진되기 때문이다. 일단 상대의 페이스에 말리면 내가 상대보다 힘과 기술이 좋아도 소용이 없다. 하물며 내가 상대보다 힘과 기술이 떨어질 때는 더 말할 나위가 없다.

그래서 공격을 당할 때는 반격을 해야 한다. 권투에 크로스 카운터(cross counter)라는 공격이 있다. 상대가 치고 들어오는 순간을 노려 상대의 급소를 치는 것을 뜻한다. 공격을 하려다 보면 자신의 급소에 대한 방어가 자연히 약해진다. 보통은 안면을 글러브로 방어하고 있지만, 상대를 치려다 보면 아무래도 글러브가 안면에서 벗어나기 쉽다. 상대는 이 순간에 공격 펀치를 빗겨 흘리면서 상대의 안면을 가격한다.

시장에서 경쟁할 때도 마찬가지다. 제법 맷집이 있

는 경쟁사가 내게 있어 가장 크면서 수익도 좋은 지역에 지점을 내고 저가 공세를 취할 때 내가 가격 인하로 맞대응만 한다고 하자. 시간이 갈수록 나의 전체 수익성이 급격히 떨어지지만, 상대방은 어차피 자기 주력 시장이 아니므로 적은 물량에 대해 낮은 가격을 적용해도 수익성에 큰 타격을 입지 않는다. 내가 이곳에서 고전하고 있을 때 상대는 또 다른 나의 주력 지역을 공격할 수 있다. 이런 식으로 몇 군데를 공격 당하고 죽자고 맞대응하다 보면 어느새 나의 체력이 바닥나서 손 들 수밖에 없게 된다. 꼭 이런 크로스 카운터가 아니더라도 일단 공격을 받으면 내 시장 방어와 함께, 어떨 때는 내 시장을 포기하는 한이 있더라도 상대방에게 중요한 시장을 나도 공격해서 상대방에게 일방적으로 유리해지는 상황을 막아야 한다. 상대방이 공격을 계속하면 최소한 같이 망한다는 사실을 각인시켜야 한다.

반격할 때도 주의해야 할 점이 있다. 일단 상대가

갑자기 나의 주요 시장을 공격해 오면 통상처럼 대응할 것인지 아니면 전면전을 각오하고 반격할 것인지에 대해 상황을 판단하는 것이 쉽지 않다. 상대가 회사 전체의 전략에 의해 공격한 것이 아니라 지역 책임자가 새로 부임하면서 국지적으로 점유율을 높이기 위해 가격 인하 등의 일시적 프로모션을 벌인 것일 수도 있기 때문이다. 후자의 경우 시간이 조금 지나면 제자리를 찾을 테니 전사 차원의 대응은 불필요하다.

반대로 상대가 세게 치고 들어올 때 반격의 때를 놓치면 판세가 심하게 기울어 상황을 반전시키는 것이 불가능해질 수 있다. 적절한 순간에 대응을 하는 경우에도 마찬가지다. 우리 조직은 물론이고 협력사들의 불안과 동요도 엄청나서 리더의 뜻대로 움직이는 것이 현장에서 잘 안 될 수도 있다. 리더가 평소에 믿음을 주지 못하고 있었다면 더욱 그러하다. 그래서 앞서 언급했지만 평소에도 공격과 방어에 대한 작전을 짜 놓고 준비하는 것이 중요하다. 아무리 정교한 계획을 짜도 100% 유효하지 않을 수 있지만 그래도 실제 상황을 염두에 두고 준비를 해온 조직과 그렇지 않은 곳은 대응 능력에 큰 차이가 난다. 아무리 현재의 상황이 열세라도 방어만이 아니라 공격 시나리오도 평소에 준비하고 있어야 하는 이유다.

3장

결코 무모하지 않은
계산된 모험

5%는 안 되지만 30%는 된다

"5%는 안 되어도 30%는 된다."

예전에 나와 함께 일하던 상사가 즐겨 하던 말씀이다. 무슨 뜻인가 하니 평소에 해오던 방식을 유지한 채 좀 더 열심히 해서 5% 개선하는 것은 힘들지만 근본적인 문제를 해결하면 30% 이상의 개선도 충분히 가능하다는 뜻이다.

따라서 우리가 목표를 잡을 때도 매년 5%씩 점진적으로 성장하는 게 아니라 30%, 50%, 혹은 두 배 이상의 성과를 내겠다는 목표를 과감하게 설정해야 한다. 터무니없다고 생각할 일이 아니다. 이렇게 해야만 기존의 관점과 아이디어를 뛰어넘는 새로운 접근 방식을 찾아낼 수 있다.

물론 공식적인 목표를 이렇게 높이 잡아놓고 뒷감당을 못 하는 상황을 만들라는 뜻은 아니다. 공식 목표는 달성 가능한 수준으로 설정해야 한다.

하지만 개인적인 목표는 다르다. 과감히 높게 잡아도 괜찮다. 높은 목표를 설정하고 끈질기게 방법을 찾다 보면, 처음에는 보이지 않던 길이 결국에는 나타나는 경우가 많다. 게다가 이렇게 스스로 높은 목표를 세우고 방법을 찾다 보면 주변과 경쟁하기보다는 그들을 잠재적인 협력자 내지 지원자로 보게 된다. 이들을 어떻게 하면 내 편으로 만들어 필요한 일에 동참시킬까를 고민하게 되는 것이다.

이는 상사를 대할 때도 마찬가지다. 상사는 나를 평가하는 두렵고 무서운 사람이 아니라 나의 아이디어를 추진하는 데 필요한 자원을 가지고 있는 사람이다. 따라서 그를 어떻게 설득하여 내 프로젝트에 자원을 투입하게 할지를 궁리하게 된다.

  높은 목표를 달성하기 위한 아이디어를 찾았다면, 이를 현실로 만들기 위해서는 용기가 필요하다. 수많은 좋은 아이디어가 상용화 단계에서 기술적·마케팅적 허들을 넘지 못하고 폐기된다. 그래서 창업 투자자들 중에는 아이디어가 중요한 것이 아니라('좋은 아이디어는 천지에 널려 있다'라는 표현을 한다) 그것을 구체적으로 어떻게 실현할지에 대해 관심을 가지는 경우가 훨씬 많다. 결국 혁신적인 아이디어를 실제 상용화까지 해내어 탁월한 성과를 만들어내는 리더는 모험가 정신을 갖춰야 한다. 혁신은 남들이 가지 않은 길을 실패 위험을 감수하고 도전하는 사람에게만 열려 있기 때문이다.

  높은 개인적 목표를 설정했지만 달성하지 못했다

고 해서 좌절하거나 자존감이 떨어질 필요는 없다. 상식을 뛰어넘는 발상은 원래가 실패하기 쉽다. 중요한 것은 끊임없이 새로운 시도를 하고 실험하면서 길을 찾아나가는 자세다.

일하는 방식의 근본을 바꾼다

　기존의 일하던 방식을 획기적으로 바꾸지 않고는 왜 개선이 쉽지 않은지 내 경험을 통해 다시 설명해 보겠다.

　대부분의 기업에서는 연초에 그해의 비용에 대한 예산을 짜고 발표하는데, 역시나 그때도 사업 환경이 좋지 않으니 전체 비용을 5% 삭감하라는 지시가 내려왔다(돌이켜보니 사업 환경이 위기가 아니라고 하는 것을 들어본 기억이 거의 없는 것 같다). 당연히 CEO의 지침에 따라 각 부문별로 5%의 비용 절감 계획을 세워 제출하지만 이렇게 하면 대부분 퇴짜를 맞기 일쑤다. 왜냐하면 계획대로 실천되지 않았을 때를 감안해서 추가 비용 절감 계획을 세워 오라고 요구하기 때문이다. 이렇게 몇 번의 줄다리기를 반복하면 결국 모든 예산 항목 일괄 7% 삭감과 같은 식으로 결론이 난다.

그다음 실제 일어난 일은 기대와는 다르다. 그해 시장 경쟁이 더 심해졌다든지, 해외에서 수입하는 원자재의 가격이 많이 올랐다든지와 같은 이유로 매출을 유지하기 위한 비용이 오히려 전년보다 더 늘어나기 때문이다. 이런 요인이 발생하지 않더라도 예전과 동일한 방식으로 일하면서 비용을 5% 줄이려면 직원들의 복리 후생을 손댈 수밖에 없다. 만약 연구 개발비나 브랜드 광고처럼 당장은 표가 나지 않지만 장기적인 성장 동력을 훼손하는 장치라면 개선은커녕 회사가 망하는 길로 향할 수밖에 없다.

내가 기존에 일하던 방식을 고수하면서 5% 개선

이 어렵다고 한 이유가 바로 여기에 있다. 단순히 개선을 한다는 사고방식으로는 환경의 변화와 경쟁 속에서 성과를 내기 어려워진다. 성과를 낸다고 해도 경험상 잘해야 1~2% 수준에 그치고 만다. 그렇다고 조직 전체에 걸친 개선 활동을 무시하라는 이야기가 아니다. 아무리 1~2%의 개선이 미미해 보이더라도, 각 부문에서 2%씩 비용을 절감한다면 어마어마한 숫자의 개선이 분명하기 때문이다.

게다가 이런 조치는 조직 구성원 모두가 사업 환경의 변화와 회사의 현실에 대해 구체적으로 생각해 볼 수 있는 기회이기 때문에 조직이 환경 변화에 유연하게 대처해 가는 데 분명 도움이 된다. 그래서 회사에서도 어떤 사업을 일부 구조 조정해야 한다고 판단할 때 원가 개선 활동에 참여한 경험이 있는 조직은 훨씬 납득시키기 쉬워진다.

앞서 언급한 '5%는 안 되어도 30%는 된다'를 다

시 기억해 보자. 여기에서 30은 중요한 숫자가 아니다. 0에서 다시 출발한다는 이른바 제로 베이스 씽킹(zero base thinking)으로 일하는 방식의 관점을 바꾸면 가능하다는 의미인 셈이다.

여러분이 현재 하고 있는 사업이나 업무에서 일하는 방식은 과거부터 지금까지 환경에 대한 이런저런 전제를 바탕으로 성과를 내는 데 최적이라고 생각되는 방법으로 선택된 것이다. 그런 전제의 일부 또는 전체를 근본적으로 바꾸어 보면 완전히 다른 일하는 방식이 더 나은 선택이 될 수 있다. 이 경우 성과 개선 효과 역시 5%가 아니고 30%, 50% 혹은 100% 이상도 가능하다.

예를 들어보겠다. 어떤 자동차 회사가 불황 속에서 점차 망해가고 있었다. 자동차 산업이 성숙해지면서 다양한 소비자들의 취향을 맞추기 위해 그 회사도 새로운 모델을 해마다 출시해야 했는데 그 결과 수많은 부품의 공급 관리, 생산, 판매 업무를 감당하지 못할 지경에 이른 것이다. 과부하를 해소하기 위해 인원과 장비를 늘리자 비용은 기하급수적으로 높아졌다.

또다시 비용을 절감하기 위해 해마다 절감 목표를 세우고 노력했지만, 앞서 말한 구조적 이유로 단위 매출당 비용은 오히려 늘어나기만 했다. 반전은 이 회사가 수년을 준비한 공통 플랫폼 전략이 실행되면서부터 일어났다. 기존에는 모델 종별로 비용 절감을 하려고 했던 것인데 다른 차원에서 비용을 줄일 수 있게 된 것이다. 이제 이 회사가 생산하는 자동차 모델들은 두어 개의 공통 플랫폼 기반으로 설계되고 주요 부품도 모듈 단위로 공용 디자인이 적용된다. 공통 플랫폼 기반으로 설계된다는 것은 전 세계에 있는 모든 공장이 동일한 라인에서, 동일한 작업을 하며, 동일한 부품을 쓴다는 뜻이다. 그 결과 주요 부품의 대량 구매가 가능해지고 모든 생산 과정을 단순화함으로써 비용이 크게 감소하기 시작했다.

이 이야기는 내가 만든 가상의 시나리오가 아니다. 실제로 자동차 기업인 폭스바겐에서 일어난 일이다. 이제 5%가 아니라 30%의 개선을 꾀하라는 말의 의미가 이해되는가? 판을 뒤집는 압도적 성과는 판을 근본적으로 뒤집어 보는 데서 시작된다.

노트북과 고양이

조직을 운영하다 보면 변화를 두려워하는 구성원들을 어떻게 설득해야 하는가에 대한 고민을 종종 하게 된다. 작은 변화에 불과한데도 조직의 구성원들이 거세게 반발하다 보니 안타까울 때가 한두 번이 아니다. 그런데 얼마 전 인지심리학자 김경일 교수의 책을 읽다가 그 이유를 깨닫게 되었다.

책에는 김경일 교수가 대학에서 진행한 재미있는 실험 한 가지를 소개하고 있었다. 연구진은 실험 참여자들에게 단어의 빈칸 채우기 같은 단순한 종류의 문제를 풀게 했다. 문제마다 난이도가 다르며 어려운 문제일수록 더 높은 득점을 얻게 된다. 처음에 사람들은 난이도에 상관없이 문제를 풀어 나가지만 어느 정도 시간이 지나면 쉬운 것들 위주로 풀게 된단다. 이건 사실 당연한 현상이라고 볼 수 있다. 누구나 어려운 일보다는 쉬운 일을 선호할 수밖에 없으니까. 그런데 재미있는 것은 그다음부터였다.

연구진은 절반의 참가자들에게 앞선 실험과 약간만 다른 형태의 문제를 주었다고 했다. 예를 들어 주어진 단어와 의미적으로 관련 있는 추가 단어를 쓰는 과제를, 나머지 절반의 참가자들에게는 완전히 다른 종류의, 이를테면 도형의 모양을 완성하는 과제를 주었다고 한다. 그런데 결과가 매우 흥미로웠다. 같은 종류에서 약간만 형태가 다른 과제를 부여받은 사람들은 이전보다 훨씬 더 쉬운 문제에 집착한 반면, 전혀 다른 형태의 과제를 수행한 사람들은 자세를 바꿔 어려운 문제에 도전한 것이다.

나는 고개를 갸웃거렸지만 이어진 김경일 교수의 설명을 보며 수긍할 수 있었다. 김경일 교수의 설명에 따르면 이러한 현상은 당연하다고 한다. 사람들은 실제로 약간만 다른 것 사이에서 더 큰 차이를 느끼는데, 예를 들어 사람들에게 '노트북과 고양이', '노트북과 데스크톱' 중 어느 쌍이 더 다르냐고 물어보면 대부분이 첫 번째를 고르지만 정해진 시간 내에 둘 사이의 차이점을 최대한 많이 써보라고 하면 노트북과 데스크톱에서 훨씬 더 많은 차이점을 써낸다는 것이다. 고양이와 노트북의 차이점을 말하라고 하면 대부분 난감한 표정을 짓기 마련이라고.

김 교수는 사람들이 어렵고 새로운 일보다 기존과 약간만 다른 일에 도전하지 못하는 이유가 바로 여기에 있다고 이야기한다. 약간만 다른 일에서 더 큰 차이점을 느끼기 때문이다.

이것을 앞서 이야기했던 5%와 30%의 차이에 대입해 보면 더 쉽게 이해할 수 있다. 이전과 전혀 다른 환경이나 임무를 부여받으면 오히려 더 혁신적인 결과물을 내놓을 수 있다는 뜻이니까 말이다. 보다 근본적인 변화를 꾀한다면, 더 높은 성취를 이루고 싶다면 조금만 더 하자라고 마음먹기보다는 아예 새롭고 낯선 목표를 설정하는 게 훨씬 도움이 될 것이다.

결국에 믿을 것은 나 자신뿐이다

 나는 다른 사람들에게 내가 세운 개인적 목표에 대해 말하지 않는 편이다. 내향적인 성격 때문이기도 하지만 성과에 대해 신중하게 접근하고자 하는 의지가 강해서이다. 40여 년의 직장 생활 동안 나는 남몰래 아이디어를 찾고 실험하다가 어느 정도 성과가 보이면 그때 아이디어를 발표하고 필요한 자원을 얻어내는 방식으로 일했다.

 사람들은 나를 아이디어가 많은 사람, 창의력이 뛰어난 사람이라고 생각하지만, 사실 나는 높은 목표를 세우고 끊임없이 아이디어를 찾는 노력을 했을 뿐이다.

경영학에서는 최대한 많은 정보를 활용하여 과학적인 의사결정을 하는 방법을 가르치지만 실제로 일을 하다 보면 막상 중요한 결정을 내려야 할 때 정보가 부족한 경우가 대부분이다. 그래서 리더의 많은 의사결정은 극히 제한적인 정보를 바탕으로 틀릴 수 있다는 리스크를 안고 이루어진다.

경우에 따라서는 자신의 직감을 믿고 질러야 하는 경우도 허다하다. 이는 누구에게나 두려운 일이다. 그래서 어떤 리더는 쉽게 결정을 내리지 못하고 부하들을 다그친다. 내게 더 많은 정보를 가져오라고, 계속 분석을 해내라고 말이다.

하지만 나는 진정한 리더라면 불확실한 가운데서도 과감하게 의사결정을 내릴 수 있어야 한다고 생각한다. 객관적인 지표나 정보를 간과하라는 뜻이 아니다. 조사든 분석이든 100% 완벽하지는 않다. 따라서 질러야 할 때는 눈 딱 감고 질러야 한다.

물론 모든 것이 불확실한 상황에서 자신의 감을 믿고 판단하는 일은 결코 쉽지 않다. 심지어 리더의 말 한마디에 수많은 사람의 생사가 오가는 경우도 있다. 금전적 득실은 이루 말할 것도 없다.

나 역시 처음 결정을 내려야 하는 순간이 왔을 때는 머릿속이 새하얘졌다. 마치 수술실에 처음 들어간 의사가 환자 몸에서 나오는 엄청난 양의 피를 보면서 혼비백산하듯, 리더도 큰 결정을 내려야 할 때는 너무 두려운 나머지 생각이 마비되는 수가 많다. 옆에서 보면 '뭘 그렇게까지'라고 생각할지 모르겠지만 나의 말 한마디가 미칠 파급력을 생각하면 쉽게 입이 떨어지지 않는다. 하지만 그럼에도 불구하고 리더는 질러야 하는 사람이다. 달리 방법이 없다. 몇 번 하면서 스스로 감을 쌓아가는 수밖에.

나는 이런 상황을 좀 격하게 겪었다. 2000년대 초반, 우리 회사는 중국 휴대폰 시장에 본격 진출하려고 노력하고 있었다. CDMA 방식의 휴대폰에 대한 중국 내 제조 라이선스는 비교적 쉽게 얻을 수 있었지만, 수요가 훨씬 큰 GSM 방식 휴대폰의 중국 내 제조 라이선스는 현지에 팀을 구성하여 노력했음에도 불구하고 2년이 지나도록 진전이 없었다.

2003년, 신임 CEO는 당시 휴대폰 사업 전략 담당 부사장이던 나를 크게 질책하고 2개월 안에 무조건 라이선스를 따오라는 숙제를 주었다(라이선스 취득에 대해서는 전권을 주고 적지 않은 금액을 마음대로 쓸 수 있도록 사전 승인해 주었지만 사실 이건 무서운 이야기였다. 모든 권한을 준다는 건 성과를 내지 못하면 옷 벗을 각오를 하라는 뜻이기도 하니까).

다행히도 워낙 어려운 과제인 줄 다 알다 보니 아무도 간섭하거나 방해하는 사람이 없었다. 오히려 "저 사람이 잘나가더니 이번에 된통 걸렸구나" 하는 동정 비슷한 시선도 좀 있었던 것 같았다.

어쨌든 직접 중국 현지에 가서 상황을 파악해 보니 실상은 좀 달랐다. 중국 정부가 현지 생산 라이선스를 잘 내주지 않는 것이 문제라고 알고 있었는데, 우리가 라이선스 신청에 적극적으로 임하지 않고 있었기 때문이다. 그 이유인즉, 라이선스 확보는 중국 정부 방침에 따라 중국 업체와 합작 법인을 만들어 공동으로 추진해야 했기 때문에 해당 중국 업체의 정부 교섭 능력이 핵심이었다. 그런데 그동안의 경험을 통해 중국 업체들을 신뢰하지 못하게 된 주요 의사 결정자들이 중국 회사와 합작해 라이선스 신청하는 일을 하려고 하지 않았던 것이다.

그들의 심정을 알지 못하는 바는 아니었다. 하지만 나는 한두 달 안에 성과를 만들어내야만 하는 입장이라 더 이상 지체할 수가 없었다. 바로 현지 경영진들이 접촉했던 열댓 개 잠재 파트너 회사들을 차례차례 방문해 회사 분위기를 살피고 해당 업체 경영진들을 만나 이야기를 나누며 업무 능력을 가늠했다. 그리고 마침내 두 회사로 후보를 압축했다.

최종 선택을 앞두고 현지 임원과 나의 의견이 갈렸다. 두 곳 모두 괜찮아 보였지만 이상하게 한 회사에 마음이 기울었다. 내가 점찍은 회사의 사장과 대화를 나누면서 사업 실상에 대해 솔직하게 털어놓고 있다는 인상을 받았으며, 회사 내 주력 제품을 생산하는 공장을 둘러보았을 때도 다른 회사에 비해 훨씬 더 잘 정리되어 보였기 때문이다.

당시에는 재무제표나 기타 회사 관련 자료들이 정확하다는 보장을 전혀 할 수 없는 시대였다. 업체가 가져오는 자료에 신빙성이 떨어졌기 때문에 회사가 어떻게 운영되고 있는지는 경영자의 말이나 회사 전반의 운영 상태를 보고 짐작할 수밖에 없었다.

나는 하루이틀 고민하다가 내 직감을 믿기로 했

다. 솔직히 당시에는 '이리 죽으나 저리 죽으나 마찬가지인데 내 마음 가는 대로 해보고나 죽자'라는 심정이었다.

결과는 대성공이었다. 내가 선택했던 회사는 기대 이상으로 중앙 정부에 우리를 적극 추천해 주었고, 그로부터 두 달 뒤에는 GSM 라이선스를 받게 되었다. 무려 2년 만에 거둔 쾌거였다. 모든 사람이 중국에서는 뒷거래가 있어야 일이 성사된다고 말하는 시절이었지만 여기까지 진행되는 동안 향후 GSM 제조 라인에 투자하게 될 합작 회사 지분 매입 대금 이외에 추가로 돈을 쓴 일이 없었다. 그 지분 매입 대금도 한국 공장에서 나가는 설비의 비용으로 대부분 사용되는 계약이었으니 유용될 여지도 없었다.

이 일로 나는 신임 CEO의 신임을 얻게 되었고, 몇 년 뒤 내가 맡고 있던 북미 휴대폰 사업에서 모토로라의 기습적인 공격으로 엄청난 위기를 맞았을 때 내가 제시한 과감한 반격 작전을 회사 차원에서 승인하고 자금을 총동원하여 적극적으로 밀어주게 되는 계기가 되었다. 하지만 이보다 중요한 것은 참모 역할을 주로 해오던 내가 불확실한 상황에서 처음으로 전적인 책임을 지고 감연한 의사결정을 통해 성공을 거두었다는 점이다. 이때의 경험과 그로 얻은 자신감은 후일 사업 책임자나 대표이사가 되어 여러 중요 의사결정을 할 때 두려움을 깨고 과감하게 지를 수 있는 용기의 기반이 되어 주었다.

계산된 모험

세상에 큰 영향을 끼치고 커다란 업적을 남긴 리더들을 보면 그 당시 상식으로는 도저히 이해할 수 없는 무모해 보이는 시도를 한 경우가 많다.

아마존 창업자 제프 베이조스(Jeff Bezos)나 테슬라의 일론 머스크(Elon Musk) 같은 사람을 떠올려 보면 될 것이다. 그들은 초기에 엄청난 적자를 내면서도 본인의 구상을 밀고 나가서 마침내 세계적인 기업을 일구고 우리의 삶에 커다란 변화를 일으켰다. 테크 기업이라 가능했다고 생각하는가? 그렇다면 워런 버핏

(Warren Buffett)을 생각해 보자. 그가 사 모으는 주식은 대체로 안정적 사업을 하는 회사의 주식들이다. 이런 투자로 산업 동향을 반영한 화려한 포트폴리오를 갖춘 펀드들과 경쟁한다는 것은 일견 무모해 보이지만 장기적으로 보면 그의 가치 투자 전략은 테크 기업을 중심으로 한 펀드들 못지않은 수익을 거두었다.

남들이 무모하다고 말리는 일을 뚝심 있게 밀어붙여 뛰어난 성과를 만들어내는 리더들은 우리 주위에도 흔히 있다. 누군가는 그들이 운이 좋았다고 이야기할지 모르겠지만 대체로 이런 리더들은 높은 성과를 내면서 꾸준히 성장한다.

과연 이들은 어떻게 이렇게 지속적인 성과를 낼 수 있었을까? 정말 운이 좋았기 때문일까? 대체로 큰 성과는 운과 실력의 결합으로 이루어진다. 외부 및 내부 환경과 리더의 역량이 맞아떨어졌다는 뜻이다. 아무리 좋은 아이디어에 장시간 투자해 왔다고 해도 상용화 시점에 현실 환경과 잘 맞아 떨어진다거나, 회사의 역량이 그 아이디어를 충분히 실현할 수 있을 만큼 좋으리라는 보장이 없다. 기대되는 성과가 클수록 환경이 크게 유리해야 하고 아이디어의 질과 실행 역량의 수준도 매우 높아야 하니 당연히 실패할 가능성도 클 수밖에 없다.

큰 성과를 지속적으로 내는 리더는 일견 실패할 리스크가 큰 무모한 시도를 하는 것처럼 보이지만 나중에 보면 나름 계산이 서 있는 경우가 많다. 다른 사람이 보기에는 성공 가능성이 지극히 낮지만 리더 자신은 승리에 대한 확신을 갖고 있다는 얘기다.

나는 이러한 리더의 생각 습관을 '계산된 모험(Calculated Risk-Taking)'이라고 부른다. 겉으로 드러난 것보다 훨씬 높은 성공 확률과 실패 시의 대처까지 미리 계산하여 추진하는 모험적 시도를 말하는 것이다. 예전부터 뛰어난 지휘관은 '계산된 모험'을 잘하는 사람이 많았다.

내가 존경하는 독일의 에르빈 롬멜(Erwin Johannes Eugen Rommel) 장군이 아프리카 전선에서 열세인 전차와 병력을 가지고 어떻게 연합군을 상대했는지를 보면 상대의 생각보다 빠르게 진격하여 상대의 보급기지를 탈취하면서 끈질기게 연합군을 괴롭혔던 것을 알 수 있다. 전통적 사고에 매어 있던 연합국 지휘관들과 달리 롬멜은 적은 자원을 가지고도 상대를 꼼짝 못하게 할 수 있다는 계산을 하였던 것이다.

물론 이런 생각을 책상에서도 할 수 있다. 하지만 롬멜 장군은 철저한 현장 주의자였다. 그의 뛰어난 점은 실제 상황 속에서 극소수의 보좌관만을 데리고 적정을 직접 정찰하기도 하고 상대방의 진군 속도, 적장의 사고 방식 등에 대해 매우 현실적 판단을 하였다는 데 있다. 그래서 모르는 사람이 보면 무모한 작전의 연속이었지만 실제로는 연전연승할 수 있었던 것이다.

롬멜 장군은 초급 장교 시절부터 전략적 사고와

함께 현장 확인을 철저히 하여 적의 의표를 찌르는 전술을 즐겨 사용하였다고 한다. 그가 '사막의 여우'라는 별명으로 세상에 이름을 알린 것은 2차 대전 당시 북아프리카 전선에서 보잘것없는 병력과 장비를 가지고 영국군을 상대로 연전연승을 하면서였지만 그의 전기를 보면 그 이전에도 크고 작은 전투에서 계산된 모험을 바탕으로 전과를 올리고 있었다. 지금부터 이러한 계산적 모험을 성공시키는 세 가지 전략에 대해 구체적으로 이야기해 보겠다.

현실을 있는 그대로 본다

계산된 모험을 하려는 사람에게 가장 중요한 것은 현실을 자신의 희망이나 불안, 공포에 흔들리지 않고 '있는 그대로' 보는 것이다. 얼핏 생각하기에는 현실을 그대로 보는 게 무슨 전략이냐고 할 수 있겠지만 이게 말처럼 쉽지 않다.

사람이 생각지 않던 커다란 위기를 갑자기 맞게 되면 상황을 제대로 판단하기 어렵다. 불안에 사로잡혀 모든 것이 비관적으로 보이기 때문이다. 공포가 크면 아예 머릿속이 하얗게 된다고 할 만큼 아무것도 생각하기 어려워질 수도 있다. 리더도 사람인 이상 혁신적 아이디어를 실현시키는 것과 관련하여 실패에 대한 불안과 공포가 없을 수 없다. 그럼에도 불구하고 뛰어난 리더는 남들이 보기에는 무모한 시도를 하여 상황을 반전시키는 경우가 많다. 나중에 돌이켜 보면 이들은 무모한 것이 아니었다. 어려운 상황 속에서도 침착하게 현실을 있는 그대로 보고 그 가운데서 남들이 못 보는 살 길을 본 것이었다.

나도 직장 생활을 하면서 절체절명의 위기를 맞은 적이 몇 번 있었다. 앞에서 잠깐 언급했지만 2000년대 중반, 미국에서 휴대폰 사업을 할 때 선두업체인 모토로라가 당시 최고 인기 상품인 레이저폰을 가지고 대대적인 할인 공세를 펴는 바람에 사업 존폐의 위기를 맞게 되었다. 모토로라가 주요 통신 사업자들과 가격 대폭 할인을 대가로 엄청난 물량을 판매하기로 딜을 하는 바람에 우리를 포함한 메이커들이 상반기 동안 판매 자체가 불가능해진 것이었다. 처음 며칠은 머릿속이 하얗게 되어 아무 생각도 할 수 없었다. 이후 평정심이 돌아오고 나니 살 길이 조금씩 보이기 시작했다. 용기를 내어 그 방향으로 밀고 나가다 보니 점차 해결할 방안이 선명하게 드러나게 되었고 결과적으로 초콜릿폰의 큰 성공을 만들어낼 수 있었다.

이처럼 예기치 못한 위기 상황에서 평정심을 잃지 않는 것도 중요하지만 그 못지않게 중요한 것은 일이 잘 풀릴 때 과거의 성공 경험 때문에 현실 감각을 잃지 않는 것이다.

사람에게는 누구나 어느 정도 자기가 믿고 싶은 대로 현실을 인식하는 경향이 있다. 이를 심리학에서는 '확증 편향'이라고 하는데 자신의 견해 내지 주장에 도움이 되는 정보만 선택적으로 취하고, 자신이 믿고 싶지 않은 정보는 의도적으로 외면하는 성향을 이르는 말이다. 확증 편향은 우리가 올바른 판단을 내리는 데 걸림돌이 된다.

어떤 사람이 과장하는 경향이 있다는 믿음을 가지면 그가 말하는 모든 것이 과장으로 인식된다. 이 경험이 실패 혹은 성공에 연결될 때는 더욱 그렇다. 성공을 거듭하던 리더가 과거의 성공 체험 때문에 현실을 잘못 인식하여 큰 실패를 하게 되는 경우를 보게 되는데 바로 이 확증 편향 때문이다. 본인의 과거 경험에 의존해 시장이나 조직 내부에서 오는 위험 신호를 감지하지 못하거나 인지하더라도 엉뚱하게 해석하여 잘못된 의사결정을 내리고 마는 것이다.

확증 편향뿐 아니라 사람들에게는 수많은 편향적 사고를 하는 경향이 있다. 대표적인 것이 '밴드 웨건(Band wagon) 효과'이다. 많은 사람들이 어떤 상품을 좋아하면 이유가 있을 것이라 생각하여 나도 그 상품을 좋아하게 되는 현상을 말한다. 개봉 초기에 예매율이 높은 영화에 관객이 몰리는 것도 같은 맥락이다.

주변 사람에게 일어난 일을 놓고 최근에 일반적으

로 그런 종류의 사건이 많이 일어난다고 생각하는 편향도 있다. 요즘 들어 상식에 잘 안 맞는 극단적인 일들이 일어난다고 믿는 사람이 많아진 것은 SNS를 통해 비슷한 성향의 사람들 간에 소통이 대폭 늘어났기 때문인 것 같다. 원래 이런 여러 편향은 인간이 복잡한 상황에서 효율적으로 이를 헤쳐나가기 위한 판단의 틀에서 출발했을 것이다.

확증 편향은 과거에 유사한 상황에서 일어났던 일을 현재의 판단 기준으로 사용하는 것이고 밴드 웨건 효과는 다른 정보가 없을 때 제일 안전한 선택일 수 있다. 이런 편향이 긴급한 상황에서 한정된 정보를 가지고 비교적 괜찮은 결정을 하게 해줄 수는 있지만 이게 그 상황에서 정말 좋은 판단이 되리라는 근거는 없다.

일단 여러 가지 편향이 작동되면 시장에서 오는 여러 새로운 위험 신호들을 무시하기 쉽다. 산업 전체 불황의 전조와 자기 회사의 근본적인 경쟁력 부족으로 인한 매출 정체처럼 일견 비슷해 보이지만 깊이 들어가 보면 전혀 다른 원인일 수 있는 것이다.

잘못된 인식에 기반한 결정은 치명적 실수를 불러일으킬 수 있다. 그래서 리더가 현실을 있는 그대로 보는 것이 중요하다. 조직 내외 대다수 사람들이 공포에 사로잡혀 어쩔 줄 모르는 때나 확증 편향에 매여 근거 없이 낙관론이나 비관론에 빠질 때에 현실을 있는 그대로 바라보고 조직의 갈 길을 냉정하게 설정해야 한다. 리더가 본인의 마음을 다스리고 주변에 자기와는 좀 다르게 생각하는 사람들을 많이 둠으로써 다양한 의견을 경청해야 하는 이유이다.

또 한 가지는 높은 자리에 있는 리더에게 있어 현장 확인이 매우 중요하다는 것이다. 앞서 훌륭한 리더십의 모델로 언급한 롬멜 장군은 항상 현장 확인을 중시했다. 리더는 본사에 앉아 아무리 많은 정보를 보고 받아도 현장감을 갖지 않고는 엉뚱한 결정을 내리기 쉽다. 실제로 현장에 가서 직접 눈으로 보면 머릿속에 그리고 있던 상황과 커다란 차이가 있는 경우가 많다. 리더에게 올라오는 정보는 걸러지고 다듬어져서 진실을 덮기 십상이다.

실제로 현장에 리더가 방문하면 불편해하는 직원들이 많다. 리더가 지시를 하면 고달파지니 웬만한 정보는 숨기려고 한다. 특히 나쁜 소식은 은폐하거나 섣불리 해결하려고 하는 경향이 강하다. 하지만 나쁜 소식일수록 빨리 보고하고 적절한 대응책을 고민하는 게 더 나쁜 결과로 향하지 않는 방법이다. 실제로 나쁜 사건을 덮다가 때를 놓쳐 쉽게 해결할 수 있었던 일이 엄청난 돈과 에너지가 소비되는 위기로 변질되는 것을 수없이 목격했다.

나는 젊은 시절부터 쉽게 화를 내고 자기 말만 하는 상사를 보면서 "나는 저러지 말아야지" 하고 다짐

했다. 그리고 리더의 자리에 오른 뒤에도 임직원들의 목소리에 귀를 기울이고자 노력했다. 아무리 나쁜 소식일지라도 있는 그대로 받아들이고 판단하고자 했다. 그래서일까, 적어도 내가 속한 조직에서는 그런 일이 없을 줄 알았다.

무슨 이야기인고 하니, 내가 북미 지역 휴대폰 사업 부사장을 지내다 다른 보직을 맡아 떠나게 되면서 회식 자리가 열렸는데, 누군가 이런 얘기를 한 것이다.

"부사장님은 그렇게 노력한 덕분에 현장에서 일어나는 일의 5% 정도는 알 수 있었을 겁니다."

그야말로 충격적이었다. 시장에서 일어나는 일은 바로 보고되었지만 관련 부서 간 수많은 갈등으로 인해 나의 지시사항이 효과적으로 이행되지 않은 일들이 많았다는 것이다. 왜 그런 일들을 내게 보고하지 않았냐고 물었더니 이런 대답이 돌아왔다.

"아니 어떻게 그런 일들을 일일이 보고합니까? 그렇게 되면 조직 내에서 입이 가벼운 사람으로 매도되거나 무슨 일이든 일러바치는 사람으로 낙인 찍힐 텐데요. 현장에서 일어나는 일은 최대한 발설하지 않는 것이 이곳의 불문율입니다."

당시에 현실을 있는 그대로 가감 없이 보고하라고 그렇게나 강조했는데, 이런 일이 있었다니 서운한 마음도 들었고, 지금까지 내가 무엇을 한 것인가라는 생각에 좌절감도 들었다. 그런데 되돌아보니 정도의 차이는 있겠지만 그것이야말로 조직의 본질이 아닐까 하는 생각이 든다.

이후 나는 기회가 있는 대로 별다른 예고 없이 영업 현장이나 공장을 방문하려고 노력했다. 리더가 실무자들이 하는 일을 알아서 무얼 하겠냐고 생각할 수도 있지만, 나는 직원들에게 내가 사무실에서 보고받은 것들과 관련된 질문을 던졌다. 그들의 상황이 정말 내가 알고 있는 것과 일치하는지, 대책으로 보고된 것들이 현장에서 충분히 숙지되어 실행되고 있는지를 확인한 것이다. 중간 리더들 중에는 그럴싸하게 현실을 포장하여 높은 사람에게 잘보이려 하는 사람이 있게 마련이다. 이런 사람들의 말만 믿고 현장 사정을 놓치는 일이 쌓이면 그 조직은 기울어질 수밖에 없다.

적은 자원으로 실험한다

 새로운 시도를 할 때 가장 경계해야 할 점은, 확실하지 않은 아이디어에 초기부터 과도한 자원을 투입하여 오랜 기간 성과를 내지 못하는 상황이다. 그래서 나는 가급적 최소한의 자원으로 다양한 실험을 시도하고, 가시적인 결과가 나타나면 그때부터 본격적인 투자를 통해 규모를 확장하는 전략을 취하곤 하였다.

 거의 모든 혁신적인 아이디어는 사업적, 기술적으로 수많은 불확실성을 내포하고 있다. 예를 들어, 30년 전에 인터넷 기반의 초소형 미디어 플레이어를 구상했다고 가정해 보자. 당시에는 음원이나 동영상을 원하는 속도로 다운로드 하거나 스트리밍 하는 것이 불가능했다. 3~4년 정도 지나야 어느 정도 가능성이 보일 것이라고 예측하고, 그때에 맞춰 제품에 필요한 기술 개발을 시작하려 했을 것이다. 이 경우, 정해진 기한 내에 필요한 기술을 개발하여 제품에 적용할 수 있을지도 불확실할 뿐만 아니라, 통신 인프라나 국가 정책과 같이 통제하기 어려운 외부 요인에 따른 불확실성도 존재한다. 이러한 기술적 불확실성을 해결하더라도, 막상 제품을 출시했을 때 소비자들에게 어필할 수 있을지에 대한 불확실성 또한 남아 있다. 과거 MP3 플레이어와 같은 혁신적인 기술이 아이팟 이전까지는 발 빠른 일부 사용자들에게만 알려졌을 뿐 광범위한 고객층에게 큰 반응을 얻지 못했던 사례를 통해 이를 확인할 수 있다.

수많은 리더들이 혁신적인 아이디어를 사업에 적용하려 시도하지만, 큰 성과를 거두는 데 실패한다. 그러나 이 가운데에서도 혁신적인 시도를 여러 번 성공한 특별한 리더들이 있다. 이들은 불확실성이 큰 프로젝트임에도 불구하고 확신을 가지고 추진하여 성공하기를 반복하는 것처럼 보인다. 이들에게는 불확실성 속에서 성공 가능한 길을 찾아내는 특별한 무엇인가가 있는 것처럼 느껴진다. 나는 그 특별함 중 하나가 작은 규모의 다양한 기술적, 마케팅적 실험을 효과적으로 시행하는 능력이라고 생각한다.

전기차를 예로 들어보겠다. 지금이야 일시적 캐즘(chasm)을 겪기도 하면서 대세로 자리 잡았지만 20여 년 전, 전기차의 미래는 불투명했다. 기술 발전 속도나 충전 인프라 보급 문제와 같은 부정적인 요인이 주로 언급되었다. 탄소 배출과 관련된 친환경적인 이점은 일부 거론될 뿐이었다.

당시에 우리 회사에서는 배터리 기술을 포함해 동력 및 냉난방 기술을 혁신하면 전기차 대량 보급이 가능해진다고 생각하여 그룹 내 관련사들의 역량을 모아 다양한 기술적 난관을 극복하고 '한 번 충전으로 320킬로미터를 가는 5천만 원대 전기차 프로토 타입'을 개발했다. 시승에 참여한 최고위 경영자를 포함한 모든 사람이 압도적인 가속력에 깊은 인상을 받았고 (단순히 친환경, 경제적인 차가 아니라 운전하는 재미가 있는 차라는 느낌) 이후 우리는 전기차 산업의 미래에 대한 확신을 가지고 관련 기술 상용화에 전력을 다해 투자하게 되었다.

돌이켜보면 테슬라가 영국의 스포츠카 업체 로터스(Lotus)와 협력하여 스포츠카로 초기 고객을 확보했던 것도 비슷한 맥락이라고 생각한다. LG전자 역시 주요 의사 결정자들이 전기차의 기술적, 마케팅적 미래에 대한 확신을 가지고 대대적으로 추진하여 매력 있는 프로토 타입을 만들지 않았더라면 업계 리더가 되기는 어려웠을 것이다.

상품만이 아니라 업무 방향에 대해 새로운 아이디

어를 가지게 되면 큰 자원을 투입하여 일을 벌리기 전에 산하 조직 혹은 업무의 일부에 적용하여 그 아이디어가 정말 작용하는지를 확인하는 게 좋다. 거창하지 않더라도 사용성을 크게 개선하는 아이디어가 있으면 좀 거칠게라도 시제품을 만들어 잠재 고객들에게 보여주고 소량 제작하여 주문을 받는 것이다. 고객들에게 먹히는 아이디어라면 상당한 선주문이 들어올 것이다. 벤처 기업들이 아이디어를 검증할 때 많이 사용하는 방법인데 일반 기업이라고 안 될 이유가 없다.

소프트웨어인 경우에는 적은 인력으로 최대한 빨리 기본 기능만 넣어 첫 버전을 출시한 후 고객들의 반응과 사용 경험을 반영하여 차례로 완성도를 높여 가는 것이 상식이다. 이는 일반 상품이나 서비스에서도 적용할 수 있다. 고객의 사용 경험과 진짜 필요점들을 예단하여 개발에 오랜 세월을 보내다가 시간과 자원을 다 쓰고 정작 출시 이후의 고객 반응에 대응을 못 하는 것보다는 먼저 출시한 뒤 보완하는 것이 낫다.

출시 후 불만을 표하는 고객에 대해서는 신속하게 보상하면서 시행착오를 노하우로 바꾸어 가는 것이다. 잘만 하면 경쟁사들이 나중에 첫 모델을 출시할 때쯤 우리는 이미 생산과 제품 완성도 면에서 높은 수준에 올라 있어 고객들의 마음에 격이 다른 브랜드로 자리 잡을 수 있다. 이것이 오랜 시간이 걸리더라도 출시 전 완성도를 충분히 높이려 하던 과거와 최근 방식의 차이이다.

이러한 실험을 반드시 회사 조직 내에서만 진행할 필요는 없다. 로봇이나 AI 기술처럼 변화가 빠르고 불확실성이 큰 경우에는 다양한 스타트업에 투자하거나 협업을 통해 기술적 가능성을 실험하는 것이 효과적일 수 있다. 기술 개발 경연에 학교나 전문가들을 참여시켜 관련 커뮤니티를 키운 뒤 다양한 실험을 시도할 수도 있다.

자율주행 기술 개발 초기에는 미국 국책 연구 기

관인 DARPA의 무인 자율주행 자동차 대회 '그랜드 챌린지(The DAPPA Grand Challenge)'가 큰 역할을 했다. 나는 지금도 기업에 근무하는 후배들에게 AI나 로봇 관련해서 회사 내에는 소수의 정예 인력만 두고 '5년 내 시니어 시민의 친구이자 돌봄이 될 가정용 로봇 출시'와 같은 중장기적인 목표를 세우고, 상품 개발에 필요한 각종 기술들을 보유한 전 세계 전문가 커뮤니티를 다양한 방법으로 참여시킬 것을 권하고 있다. 기술 변화와 발전 속도가 워낙 빠르기 때문에 자체 인력을 훈련시켜 개발하는 것은 효율적이지 않다고 생각하기 때문이다.

지속적으로 탁월한 성과를 내는 리더는 다양한 성과 개선 아이디어를 작은 규모로 실험하고 검증하다가 적절한 시기에 규모를 대폭 확장하는 경우가 많다. 다른 사람 눈에는 어느 날 터무니없는 아이디어를 가지고 투자하려는 것처럼 보일지 모르지만, 리더 자신은 성공 가능성을 확인했기 때문에 과감하게 추진할 수 있는 것이다.

나 역시 현역 시절 어떤 일을 맡든 마음속에는 너덧 개의 성과 개선 아이디어에 대한 실험과 스케일업 사이클이 끊임없이 돌아가고 있었다. 그리고 실험이 성공적이면 다른 사람들이 뭐라 하든 판을 키워 추진하곤 했다.

보험성 포석을 한다

 사업 방향을 정할 때 리더라면 시장 상황이나 내부 역량 등에 대해 나름의 판단을 하게 된다. 예를 들면 중국이 향후 10년 이상 개방 정책을 유지하고 경제 성장도 지속할 것이라 판단해 생산 설비 투자를 계속한다고 하자. 이럴 때 가능성은 적지만 미중 간에 패권 경쟁이 심해지면 중국에서 생산한 제품을 미국으로 보내는 것이 어려워질 것이라고 예측해 미국의 일부 생산 설비에 투자한 회사가 있다면 지금은 매우 큰 효과를 보고 있을 것이다. 이런 경영방식은 일종의 보험성 투자라고 볼 수 있다. 비록 평상시에는 원가 경쟁력이 중국 내 공장에 훨씬 못 미쳤겠지만 이런 투자를 미리 해놓은 회사와 그렇지 않은 회사는 운명이 상당히 달라질 수밖에 없다.

불확실성을 줄이기 위해서는 현재의 예상과는 전혀 다른 상황 전개에 대비하여 적은 비용으로 보험성 투자를 해놓는 것이 좋다. 그래서 전혀 다른 콘셉트의 상품을 동시에 개발하기도 하고 중요한 신상품의 출시가 지연됨으로써 발생하는 리스크를 줄이기 위해 다수의 협력업체에 중복 발주를 하기도 한다.

나는 최고 경영진의 일원으로서 사업 전략 리뷰에 참여할 기회가 많았다. 할 때마다 느끼는 것이지만 일반적인 얘기만 하다 끝나는 경우가 대부분이었다. 경영 환경에 대해 평가할 때는 이런저런 얘기를 많이 하지만 막상 어떻게 할 것인가에 대한 이야기를 들어보면 대부분의 사업 책임자들이 신제품을 차별화하고 원가 경쟁력을 대폭 강화하겠다는 원론적인 이야기만 늘어놓을 뿐이었다.

이런 말들은 너무 당연하기 때문에 전략이라 할 것도 없다. 내가 기대했던 것은 예를 들어 지금은 전체 시장이 급속도로 커지는 국면이니 신규 고객 확보에 전력을 투구하겠다든지, 후발 주자로서 2~3년은 조용히 실력을 키울 때이기 때문에 전문 인력을 확보하고 신기술 개발에 힘을 기울이겠다든지, 아니면 이런 저런 성능을 가진 차별적 상품을 내세워 공격적으로 시장 점유율을 높이려고 한다든지 같은 종합적인 판세에 대한 판단과 그에 따른 구체적인 사업 방향이었다. 하지만 내가 기대했던 방식으로 브리핑하는 사업 책임자는 많지 않았다. 이것은 비단 우리 회사만의 문제가 아니었다. 주변 경영자에게도 여러 차례 물었지만 내로라하는 다른 기업들도 사정은 모두 마찬가지였다.

그런데 재미있는 것은 공식적인 사업 전략 리뷰에

서는 원론적인 이야기만 늘어놓던 사람들이 비공식적인 자리에서는 사업 판세 전반에 대한 나름의 전략과 스토리를 풀어놓는다는 것이다. 어느 날 그들의 이야기를 한참 듣고 있다가 "왜 아까 회의에서는 이런 이야기를 하지 않았냐"고 물었더니 확실하지도 않은 얘기를 공식적인 자리에서 어떻게 할 수 있겠느냐고, 자칫해서 틀린 얘기를 하는 사람으로 낙인이 찍히면 오래 가기 어렵다는 답변이 돌아왔다.

사업 환경은 언제나 불확실하다고, 그래서 전략도 준비하는 것 아니겠냐고 아무리 설명해도 소용이 없었다. 무슨 말을 해도 결코 틀릴 수 없는, 알맹이 없는 이야기를 전략이라고 내세울 수밖에 없는 우리나라 조직 환경이 참으로 안타까웠다.

나는 그 전략이 옳든 그르든, 공식적인 자리에서 자신의 의견을 있는 그대로 이야기하는 게 중요하다고 생각한다. 비록 자신의 의견이 묵살되거나 좋지 않은 결과로 돌아올지라도, 그렇게 쌓은 경험과 노하우가 훗날 중요한 선택을 하는 데 있어서 빛나는 감각이 되어줄 것이라고 믿기 때문이다.

일의 본질이란

 자신의 일에서 압도적 성과를 내고 유의미한 성장을 거두고 싶은 분들에게 한 가지 유용한 팁을 전해주고자 한다. 바로 업무의 본질을 다시 한번 생각해 보라는 것이다. 업무의 본질을 복기하는 것은 내가 지금 하고 있는 일이 결국 무엇을 이루기 위해서인지를 처음부터 찬찬히 성찰하는 것이다.

 얼마 전 만기된 금융 상품을 갱신하기 위해 은행에 들렀다. 위험을 분산시킨다고 은행과 증권 회사 몇 군데에 조금씩 예금을 나누어 맡겨놓은 터라 여러 명의 영업 직원을 만나게 되었다. 그중 한 직원은 내게 50대 중반 선배들이 명예퇴직해서 나가는 걸 보니 우울하다는 이야기를 털어놓았다. 퇴사한 사람들 중 누군가는 한때 높은 실적을 올려 포상을 받은 사람도 있을 것이다. 그런데 은행의 시스템상 특정 고객과 너무 오래 유착된 관계를 유지하면 불미스러운 일이 발생할 수 있다고 여겨 담당 직원을 2~3년에 한 번씩 지점이나 본사로 순환 근무를 시키고 있단다. 이 말인즉 직원 입장에서는 단골 고객을 확보하기도 어렵다는 얘기다. 다시 말해 고객에 대한 서비스와 거래는 회사 시스템과 프로세스에 의해 이루어지고 개인은 인적 인터페이스 역할에 머문다. 이러면 거의 대부분의 직원이 언제든지 대체 가능해진다. 회사 입장에서 50대 중반의 직원을 평가하면 하는 일은 10년 전이나 지금이나 비슷한데 급여는 훨씬 높으니 명예퇴직시킬 동기가 크다.

여러분이 이런 상황이라면 어떻게 대처하겠는가? 어떻게 해야 새로운 고객들에게 예금을 유치하고 은행에서 취급하는 금융 상품들을 많이 판매할 수 있을까? 우선은 전임자로부터 넘겨받은 기존 고객들의 금융 상품 재구매율을 높이고 더 많은 자산을 여러분 회사에 맡기도록 하는 일일 것이다. 여기에다 기존 가입자의 소개를 통해 고액 금융 자산가들을 고객으로 유치한다.

이때 어떤 서비스를 차별적으로 내세워야 하는지는 고객층의 특성에 따라 다르다. 지점의 입지 특성상 젊은 직장인이 많은 곳에서는 펀드 수익률과 대출 금리 등이 가장 큰 관심사일 수 있지만, 은퇴자나 은퇴가 가까운 연령대 고객이 주를 이룬다면 안정적인 투자와 더불어 절세에 대한 조언이 가장 중요한 정보일 수 있다. 이러한 조언의 질과 만족도는 아무리 회사 시스템과 운영 매뉴얼이 잘 정비되어 있어도 개인에 따라 만족도에서 크게 차이가 날 수 있는 부분이다.

은행과 거래하는 대부분의 고객들이 갖고 있는 불만은 금융 기관 직원들이 고객보다는 회사 입장에서 더 이익이 되는 금융 상품을 권유한다는 것이다. 따라서 고객들로 하여금 회사의 이득이 아니라 고객의 입장에서 가장 도움이 되는 방향을 친절하고 진심을 다해 조언한다면, 고객들의 만족도는 크게 높아질 것이다. 이렇게 되면 당연히 소개도 늘어날 것이고, 자연스럽게 실적도 향상될 것이다.

여기에 전문성까지 갖추면 더할 나위가 없다. 자사에서 판매하는 금융 상품을 완벽하게 숙지하는 데서 그치지 않고 세무사 자격증을 따거나 주식시장과 같은 금융 환경에 대해 꾸준히 공부한다면 아무리 회사가 영업 직원을 2~3년 주기로 순환 근무시킨다고 해도 불리할 것이 없다. 새로 만난 고객들도 이내 여러분이 가진 특별함을 알아챌 테니 말이다.

회사도 마찬가지다. 왜 지점을 옮겨도 일관성 있게 탁월한 성과를 내는지 궁금해하며 여러분의 행보에 주목할 것이다. 그리고 그 이유를 알게 되면 더 큰 책임을 맡기는 것으로 여러분의 노력에 보상을 할 것이다.

현역 시절 국내 대기업 최고 경영자들을 상대하던 외국계 투자 은행 대표가 있었다. 이분은 계약이 있을 때만 나타나는 다른 투자 은행 대표들과 달리 2~3개월에 한 번씩 나를 찾아와 세계 금융 시장의 동향과 추이를 알기 쉽게 브리핑해 주곤 했다.

대기업 최고 경영진으로서 세상 돌아가는 흐름을 아는 것이 중요했으므로 이런 고급 정보를 알기 쉽게 설명해 주는 것은 내게 큰 가치가 있었다. 경제학 박사 학위를 가지고 있었기 때문에 그분에게 그리 어려운 일은 아니었겠지만 매일 아침 일찍 출근해 해당 투자 은행의 글로벌 일일 동향에 참여하고 연구기관의 여러 가지 리서치 자료를 공부해 한국 기업에 미칠 영향을 체계적으로 정리하는 것은 분명한 개인적 노력이었다.

나는 이분이 산하 사업 팀을 데리고 와서 비즈니스 미팅을 하고 싶다고 하면 아무리 바쁜 일이 있어도 스케줄을 조정해 반드시 만났다. 알고 보니 우리 CFO 쪽에서도 이 투자 은행의 평이 좋았다. 회사 내부 사정을 잘 알고 있음은 물론이고, 우리 기업의 입장에서 유리한 방향으로 제안하더라는 것이다. 남들은 한두 해도 살아남기 어렵다는 외국계 투자 은행 대표를 무려 10년 가까이 할 수 있었던 이유는 바로 이러한 특별한 서비스를 제공해 가치를 인정받았기 때문이다. 물론, 그 가치의 이면에 그분의 엄청난 노력이 숨어 있었음은 말할 것도 없다.

우리나라에서 비즈니스 좀 한다고 하는 사람들을 살펴보면, 대개 인맥 관리를 한다는 이유로 이런저런 모임에 참석하게 되는데, 사실 큰 회사의 경영진들에게는 시간이 보배다. 따라서 나의 시간을 아껴주고, 귀중한 가치를 제공해 주는 이런 분들이야말로 두 팔 벌려 환영할 만한 존재다.

여러분도 자신이 맡고 있는 업무의 본질을 다시 한번 생각해 보기 바란다. 여러분이 만약 출판사에서 마케터로 일하고 있다면 여러분의 목표는 판매 부수를 늘리는 일일 것이다. 그렇다면 책을 많이 팔기 위해서는 어떻게 일해야 할까? 모든 책을 베스트셀러로 만들 수는 없겠지만 일정 수준 이상의 판매를 일으키려면 지금까지 내가 해오던 것을 더 열심히 해야 하는지, 아니면 독자들에게 어필할 수 있는 새로운 방식이 있는지를 고민해야 한다. 업무의 시스템과 프로세스는 그대로일지 몰라도, 일의 본질에 대한 생각이 달라지면 결과 역시 완벽하게 바뀔 수 있기 때문이다.

4장

최고의 자리에 오르는 사람은
무엇이 다른가

어떤 사람과 함께 일하고 싶은가

나는 뛰어난 성과를 올리면서도 다른 사람이 자발적으로 따르는 진정성 있는 리더가 되기를 원했다. 내가 윤리적으로 높은 기준을 가져서라기보다는 어떤 일이든 내게 맡겨지면 주도적으로 일할 수 있기를 원하고 지나치게 간섭받는 걸 싫어하다 보니 다른 사람에 대해서도 불필요한 참견보다는 공유된 목표 아래 그들이 주도적으로 일하기를 바라는 나의 개인적인 성향 때문이었던 것 같다.

우리는 어떤 사람을 리더로 원할까? 우리가 따르

고 싶은 리더는 어떤 모습일까? 나는 꽤 오랜 시간 동안 리더의 자리에 있으면서 리더가 갖추어야 할 역량과 소양에 대해 오래도록 고민해 왔다. 그래서 이번 장에서는 리더에 대한 이야기를 해보려고 한다.

회사에서든 조직에서든 리더십을 제대로 발휘하라는 이야기를 자주 하지만 막상 업무 현장에서 성과에 쫓기다 보면 뭘 어떻게 하라는 것인지 느낌이 오지 않았다. 하지만 30년 넘게 리더의 자리에 있다 보니 어떤 사람이 최고의 자리에 오르는지, 조직의 리더들이 갖추어야 할 역량에는 어떤 것들이 있는지에 대해 어렴풋이 알 것 같았다. 지금부터 그간의 경험을 바탕으로 내가 바라보는 좋은 리더십이란 무엇인지에 대해 나누고자 한다.

우선 내가 따르고 싶은 리더는 어떤 사람이었는지에 대해 정리해 보겠다. 내가 현장에서 실무를 하며 이상적으로 생각했던 리더의 모습은, 그가 가리키는 방향으로 열심히 나아가면 반드시 성과가 나고, 일하는 데 필요한 여건을 갖추어주면서 내 기여에 상응하는 공정한 보상을 나누어주는 리더였다. 간혹 성과가 나오지 않을 때에는 직원들에게 실패의 원인을 돌리지 않고, 자기가 책임짐으로써 부하들을 보호해 주는 어른이었다.

물론 인간적으로 친화력이 있고, 나를 따뜻하고 다정하게 대해주는 리더도 좋았지만 기본적으로 성과를 내는 상사에게 더 깊은 신뢰를 느꼈다. 아무래도 인간미나 성품 등은 직장이라는 공간의 특성상 앞서 이야기했던 업무에 대한 믿음이 충족된 후에 뒤따라오는 부차적인 특징들인 것 같다.

여러분도 한번 생각해 보자. 성격이 온화하고 부하들에게 인간적으로 대하지만 능력이 부족해 성과를 내지 못하는 리더 밑에서는 일하고 싶지 않을 것이다. 반대로 차갑고 인간미 없어 보일지라도 저 사람과 함께 일하면 틀림없이 성과를 낼 수 있다고 한다면 다소

아쉽기는 해도 모든 사람들이 그곳을 향하지 않을까? 냉정하게 들릴지 모르지만 직장이라는 곳은 성과 위주로 돌아갈 수밖에 없다.

직장은 생계와 미래가 달린 곳이다. 인간관계에서 오는 감정적 충족을 느끼는 친목 단체가 아니라는 얘기다. 따라서 직장에서 만나는 리더라면 첫 번째 조건에 성과를 낼 수 있어야 한다는 항목이 반드시 따라붙을 것이다.

물론 성과를 내는 리더의 종류에도 여러 가지가 있을 수 있다. 강한 카리스마를 발휘할 수도 있고, 직원들이 잘 일할 수 있도록 묵묵히 배려하는 타입의 리더일 수도 있다. 그렇지만 성과를 내는 데 중요한 것은 리더가 가진 개인적 스타일이 아니라 리더가 해야 할 역할을 제대로 하는가 여부에 달려 있다. 그 외에 외향적이라든가, 내향적이라든가, 권위적이라든가, 배려심이 많다든가 하는 것은 그 사람의 특성일 뿐이다.

이제 다시 여러분에게 묻겠다. 여러분은 어떤 사람

과 함께 일하고 싶은가? 또 어떤 리더가 되고 싶은가? 그 답은 제각각일 수 있지만 잊지 말아야 할 것은 맨 앞에 언제나 '성과'를 두어야 한다는 점이다.

뼈아픈 좌절을 겪다

나는 주니어 임원 시절, 두 핵심 부서 책임자 간의 갈등이 조직의 사기와 효율성에 얼마나 악영향을 미치는지를 절감한 적이 있다. 두 사람 모두 인간적으로는 좋은 분들이었지만 지배적 성향이 강한 성격이었고, 상대방이 자신의 의사와 다른 결정을 하는 것을 참지 못하는 경향이 있었다.

또 한 사람은 상사인 사업 본부장과 돈독한 친분을 유지했지만, 다른 한 사람은 그렇지 못했다. 그러다 보니 본부장이 특정인을 더 아끼는 것처럼 보이는 상황이 연출되었다.

사업 본부장과 나는 당시 적자인 사업의 턴어라운드를 이끌어야 하는 상황이었다. 기존 구성원들이 불편해할 수 있는 다수의 중요한 의사결정이 기획 담당 임원인 내가 입안하고 본부장이 결심하여 밀어붙이는 방식으로 진행되었다.

어려운 시기에는 모두가 큰 불평 없이 결정을 수용하고 따랐지만 위기 상황을 극복하고 차츰 수익이 창출되기 시작하자 잠복해 있던 두 핵심 부서 책임자를 포함하여 임원들 간의 다양한 갈등이 표면화되었다. 조직 내 불안과 불만이 확산되었고, 임원 회식 자리에서 고성이 오가는 등 갈등이 극단으로 치닫기도 했다. 당연히 부서 간 직원들의 분위기도 삭막해져만 갔다. 윗선의 눈치를 봐야 하는 상황이다 보니 협력과 배려는 찾아볼 수 없었고 서로를 비난하고 원망하는 일들이 반복되었다.

그뿐 아니라 누군가가 본부장과 기획 담당 임원

이 편파적이고 독단적으로 조직을 운영한다고 본사에 투서까지 넣는 바람에 결국 조사가 진행되었다. 이후 직접적인 징계는 없었지만, 조작을 안정적으로 운영하지 못한 것에 책임을 물어 본부장과 나는 각각 다른 사업 부문으로 전환 배치되었으며, 나머지 직원들도 다른 부서로 전배되었다. 항상 조직을 제대로 이끌기 위해서는 성과에 집중해야 한다고 생각해 왔었는데 이 경험을 통해 나는 조직에서 갈등 예방과 관리가 얼마나 중요한지를 뼈저리게 깨닫게 되었다.

나다움을 지킨다는 것

 흔히 사람들이 나를 내향형 리더의 전형이라고 이야기한다. 사교성이 없고 술을 거의 못 마시는 나의 특징을 빗대 하는 말일 것이다.

 사실 과거에는 리더라면 강한 카리스마를 발휘해 높은 성과를 내야 한다는 인식이 강했다. 그래서인지 나 역시 외국계 기업에서 근무하다 한국 기업으로 이직한 뒤 초반에 꽤 많은 어려움을 겪어야 했다. 술을 못한다고 하면 "처음부터 잘 마시는 사람이 어딨어? 마시다 보면 늘어"라고 응수했고, 급기야 "당신은 왜 이렇게 뻣뻣하냐?"는 얘기도 숱하게 들었다. 당시는 음주력과 사교성이 임원 승진을 위한 필수 능력으로 여겨지던 때였다. 하지만 그런 성향과 거의 정반대에 있는 내가 초고속 승진을 거듭하며 대표이사에까지 오르자 사람들은 "어떻게 저런 분이 저 자리까지 갈 수 있지?"라며 의아하게 바라보기도 했다.

하지만 그때나 지금이나 내가 가진 생각은 분명하다. 자신의 기질을 바꾸려고 애쓰기보다는 나다움을 인정하고 일에 대한 자신만의 태도를 만들어가는 게 중요하다는 것이다.

많은 사람들이 내게 리더의 자질에 대해 물으면 나는 진정성과 진솔함을 첫손에 꼽는다. 세상에는 요령 좋고 융통성 있는 사람들이 득세하는 것처럼 보이지만 진정성을 가지고 원칙을 지키면 결정적인 시기에 나를 지지해 주는 사람이 나타난다는 것을 믿었다.

사람은 누구나 존중받는다고 느낄 때 마음을 연

다. 누군가를 존중한다는 것은 겉으로 보기에는 인간성의 문제 같지만 사실 업무에서도 존중은 강한 힘을 발휘한다. 그리고 존중은 리더십의 매우 중요한 덕목으로 여겨진다.

지난 2014년, 약 14년 동안 마이크로소프트를 이끌어온 스티브 발머(Steve Ballmer)가 사임하고 신임 회장으로 임명된 사티아 나델라(Satya Nadella)는 쇠락을 거듭하던 마이크로소프트를 세계 1위의 기업으로 재도약시켰다. 10년간 주당 30달러를 넘지 못하던 마이크로소프트의 주가는 4년 동안 쉼 없이 올라 주당 140달러를 넘어섰으며 16년 만에 전 세계 시가총액 1위를 탈환하기도 했다.

마이크로소프트의 변화에는 사티아 나델라의 따뜻한 리더십이 있었다. 이민자 신분으로 미국에서 살아온 그의 공감 능력은 타의 추종을 불허하는 것으로 알려져 있다. 그는 직원의 성과 지표에 포용력과 다양성을 기르기 위해 개인이 어떠한 노력을 했는지를 반드시 포함시킨다고 한다. 앞만 보고 달리던 직원들은 이제 서로의 관계를 돌아보고, 어떻게 하면 함께 성장할 수 있는지를 고민해야 한다. 그리고 이러한 관점의 변화는 마이크로소프트를 더 크고 넓은 세상에 날아오르도록 하는 원동력이 되었다.

사티아 회장은 성과나 매출 목표를 직원에게 요구하지 않는다고 한다. 대신 모든 직원에게 '성장 마인드셋'을 강조한다. 성장 마인드셋은 사람의 지적 능력은 고정된 것이 아니라 지속적으로 향상될 수 있다고 믿는 마음가짐을 뜻한다. 성장할 수 있다는 믿음은 새로운 것에 대한 도전을 두려워하지 않게 해주고, 스스로 배울 수 있는 동기가 되고, 거침없이 행동할 수 있는 용기를 준다. 마이크로소프트의 도약이 결코 우연이 아닌 이유다.

리더를 정의하지 말자

 많은 사람들이 리더를 이분법적으로 정의하는 것 같다. 높은 성과를 내는 리더와 소위 인간성이 좋은 리더로 말이다. 경험적으로 보면 높은 성과를 내는 리더와 함께 일하고 싶지 않다고 하는 경우가 많았다.

 "그분이 일은 잘하는데 너무 권위적이에요. 자신의 말에 100퍼센트 동의하는 직원들에게는 잘해주지만 조금이라도 다른 의견을 내면 눈치를 주신다니까요."

 반대로 인간성이 좋은 리더에 대한 평은 대개 이

러하다. "좋은 분인 것 같아요. 직원들의 불만도 잘 들어주고 실수를 해도 혼내지 않으시고요. 다만 실력은 조금 부족하신 것 같아요."

그런데 한번 생각해 보자. 세상에 리더가 과연 이렇게 두 가지 부류만 존재하는 것일까? 그렇지 않다. 세상에는 수많은 종류의 리더가 있다. 평소 자기 성과와 이익을 최우선으로 챙기는 것이 뻔히 보이는 데도 마치 부하나 조직 전체를 위한 결정인 것처럼 생색을 내는 리더도 있다. 부하 직원들의 아이디어를 자기 생각인 것처럼 가로채는 리더도 있다. 심지어는 자기 마음에 안 든다고 부하 직원을 인격적으로 모욕하고 사적인 일에 부하 직원을 동원하는 리더도 있다. 자신의 재임 기간 중에 미래를 위한 투자는 절대 안 하면서 전임자들이 투자해 놓은 것은 당기에 죄다 실적화하여 '그 사람이 지나간 자리에는 풀 한 포기 안 남는다'라는 평판을 받는 리더조차 있다. 영어 관용구로 빵의 어느 면에 버터가 발라져 있는지를 아는 사람(Which side of the bread is buttered), 즉 세상의 이치에 밝은 사람들도 있다.

그런데 우리가 반드시 알아야 할 게 하나 있다. 소위 성격이 나쁘다거나 윤리적으로 문제가 있어 보이는 리더라고 해서 성과를 내지 못할 것이라고 생각하면 안 된다는 것이다. 세상에는 그런 식으로 성과를 내는 리더도 많이 있음을 인정해야 한다. 그걸 부정하는 순간 여러분은 실망하고 좌절할 것이다.

뛰어난 성과를 내는 리더십은 내가 앞서 얘기한 것처럼 다양하다. 하지만 경험에 비추어 보았을 때 성과를 내고, 부하 직원들의 존중을 받으며 롱런하는 리더들에게는 몇 가지 공통되는 특징이 존재한다. 지금부터 리더가 가져야 할 핵심 역량에 대해 알아보기로 하자.

두 수 앞을 본다

　세상의 흐름을 읽고, 그 변화가 내 사업이나 직업에 미칠 영향을 예측하는 것은 쉽지 않다. 예상하지 못한 변수가 판을 흔드는 경우가 많으며, 특히 테크 산업에서는 이러한 불확실성이 더욱 크다.

　PC와 인터넷이 등장했을 때, 이것들이 우리의 일상과 산업 전반에 이렇게까지 큰 변화를 가져올 것이라 예측한 사람은 많지 않았다. 인터넷과 스마트폰의 결합은 사회의 디지털화와 모바일화를 가속화시켰고, 소셜 네트워크와 유튜브의 등장으로 그 영향력은 더욱 폭발적으로 커졌다.

대부분의 사람들은 이러한 변화의 속도에 적응하기 바쁘지만, 뛰어난 리더는 그 속에서 새로운 기회를 찾아낸다. 미디어의 기사나 책을 통해 흐름을 읽는 것만으로는 부족하다. 새로운 기술을 직접 경험하고, 일상과 업무에 적용하면서 부족한 점과 개선 방향을 리더 스스로 체감하는 것이 중요하다.

예를 들어보겠다. 미중 관계 악화로 인해 중국의 제조업 기지 역할이 줄어들 것이라는 전망이 10여 년 전부터 제기되었지만 독일의 경우 자동차 산업을 비롯한 경제 구조를 중국 시장에 크게 의존하도록 만들었다. 메르켈(Angela Merkel) 전 총리 재임 기간 동안에는 원자력 발전소를 전면 폐기하고 러시아 가스에 의존하는 정책을 선택하기도 했다. 결과는 어떠했을까? 러시아와 우크라이나의 전쟁으로 인해 에너지 공급이 어려워지고, 중국 경제 성장의 둔화와 보호주의 강화로 인해 독일 경제는 큰 타격을 입게 되었다.

세상의 흐름을 보다 적극적으로 읽고 선제적으로 대응하는 방법도 있다. 불확실성의 주요인을 스스로 해결함으로써 시장 주도권을 가져오는 것이다. 현재 전기차 시장이 캐즘에 빠졌다는 평가가 나오고 있지만, 기후 문제와 자율주행 기술 발전을 고려할 때 장기적으로는 성장할 가능성이 높다.

15년 전만 해도 전기차의 미래에 대한 극심한 비관론이 존재했지만, LG를 비롯한 일부 기업들은 전기차 상용화 기술에 꾸준히 투자해 시장 선점에 성공했다. 오늘날처럼 급변하는 사회에서는 보험성 투자를 적절히 활용하는 것도 세상의 흐름을 적극적으로 읽는 좋은 방법이다. 제대로 해놓은 보험성 투자는 예상치 못한 큰 손실을 막을 수 있을 뿐만 아니라 막대한 수익 창출의 기회를 제공하기도 한다.

요즘 AI와 로봇이 많은 관심을 받고 있다. 예전부터 공장에는 수치 제어 공작 로봇이 많이 보급되어 있었지만 정해진 동작을 반복적으로 수행했을 뿐이다.

그런데 AI, 그중에서도 챗 GPT 같은 대규모 언어 모델과 이미지 인식 AI의 급속한 발전 덕분에 범용 작업이 가능한 로봇이 가시권에 들어오게 되었다. 공장에서 따로 프로그램을 설계하지 않고 몇 번 시범을 보여주면 작업을 따라 한다든지 사람이 말로 명령하면 로봇이 스스로 한 곳에 있는 상자들을 다른 지점으로 옮기는 것 같은 작업이 가능해진 것이다.

많은 기업들이 아직 AI를 본격적으로 활용하는 데는 회의적이라는 얘기를 한다. 인터넷이 태동하던 시절, 기업에서 크게 관심을 두지 않는 시기가 꽤 오래였는데 이런 와중에 인터넷의 사업 활용 가능성에 눈을 뜬 기업들이 지금 우리가 잘 아는 아마존이나 메타(페이스북) 같은 빅 테크 기업으로 성장했다.

여러분이 반드시 구글이나 오픈AI같이 직접 AI 모델을 만들 필요는 없다. 큰돈 들이지 않으면서도 자신이 하는 일에 미래 기술을 접목시켜 기존 사업의 가치를 혁신적으로 높일 수 있다. 예를 들어 여러분이 오프

라인 슈퍼마켓 사업을 하고 있다면 각 점포의 입지 관련 데이터를 활용해 점포별 제품군이나 브랜드, 가격대에 따른 비중, 진열 위치 등을 AI에 학습시켜 신규 출점 및 기존 점포 재단장 시 활용해 보는 것이다.

어느 시대에나 성장의 물결을 타는 산업이 존재한다. 성취를 내고 싶다면 빠르게 성장하는 분야의 물살에 올라타는 게 유리하다. 똑같은 나뭇가지라 하더라도 물살이 빠르면 목적지에 더 빠르게 도착하는 법이다.

사람을 귀하게 여긴다

리더는 사람을 통해 일하는 사람이다. 사람을 잘 쓰면 득이 되고, 잘못 쓰면 일을 그르친다. 자신이 특정 역량에서 조금 부족하더라도 그런 능력을 가진 사람을 알아보고 중용하면 일을 잘 해낼 수 있다. 반면 아무리 능력이 뛰어나도 인재를 알아보지 못하면 큰일을 할 수 없다. 그래서 사람을 알아보는 안목이야말로 리더에게 있어 어쩌면 가장 중요한 자질인지도 모른다.

맡는 일마다 탁월한 성과를 내는 사람이 있다. 작

고 보잘것없는 일을 맡겨도 얼마 지나서 보면 아주 커다란 성과를 만들어내는 것이다. 이런 사람들을 가만히 지켜보면 스스로 높은 목표를 세우고 새로운 관점에서 문제의 핵심을 짚어내는 경우가 많다. 조직의 리더라면 이런 사람들을 눈여겨보고 있다가 적당한 도전적 기회를 주어야 한다. 이때 주의할 점은 일을 잘한다고 해서 모두가 리더로서의 역량을 갖췄다고 생각하면 안 된다는 것이다. 뒤에서 자세히 설명하겠지만 리더십 마인드가 강한 사람은 리더로 활용하고, 그렇지 않은 사람은 개인으로 조직에 기여하게 하는 것이 바람직하다.

리더도 인간이다. 따라서 나는 좋은 리더는 좋은 인간이라고 생각한다. 인간으로서 보편적인 인성이 중요하다는 뜻이다. 또 반대로 얘기하자면 조직 생활에서도 곁에 두면 안 될 사람이 분명히 존재한다. 이런 사람들을 피하면 적어도 사람으로 인해 조직을 망치는 일을 막을 수 있다.

내가 생각하는 리더가 피해야 하는 유형은 자신에게 너무 잘해주는 사람이다. 이게 뭐가 문제냐고 말할 수 있겠지만 많은 경우 리더는 자신에게 충성할 사람을 가까이하기 마련이다. 이는 당장은 편할지 몰라도 상당히 위험한 일이다. 리더에게 특별히 잘해주는 사람은 권위주의적이거나, 아부에 능하거나, 윗사람 눈치를 심하게 보는 사람일 가능성이 높다. 아부에 능하거나 눈치를 심하게 보는 사람에 둘러싸이면 리더는 자신의 판단에 대해 건전한 비판을 받을 기회가 없어 돌이킬 수 없는 실패를 저지르기 쉽다. 게다가 이런 사람들은 자기보다 약한 사람들에게 횡포를 부리기 쉽다. 심지어 내가 겪은 사람 중에는 자신의 어려움에 대하여 조언을 받고 싶다고 찾아와서 이런저런 얘기를 하지만, 결국은 자신이 하고 싶은 일을 내게 교묘하게 주입하던 사람도 있었다.

앞뒤가 다른 사람도 조심해야 한다. 이런 사람은

알아보기가 쉽지 않다. 악한 본성을 감추고 좋은 사람으로 보이는 처세술을 익혔기 때문이다. 아마 여러분은 주변에서 어떤 사람이 출세하더니 변했다는 얘기를 들어보았을 것이다. 겸손하고 사람들의 이야기에 귀 기울이던 사람이 높은 지위에 오르더니 귀를 닫고 자신의 주장을 굽히지 않으며 다른 사람을 함부로 대하게 되었다는 것이다. 이런 경우 변한 것이 아니라 숨겨두었던 본성이 드러난 것일 가능성이 크다. 그래서 예로부터 사람을 판단하는 가장 정확한 방법은 그에게 적당한 권력을 주는 것이라고 했다. 아무리 숨기려 해도 기회가 있으면 드러나는 게 본성이니 일리가 있는 말이다.

리더가 특정인을 편애하는 것처럼만 보여도 조직 내 갈등이 심화될 수 있다. 정보통신 사업 본부 기획 담당 임원 시절, 미국 법인의 현지 직원들이 서울 본부를 방문한 적이 있다. 그중 한 직원이 물류시스템의 최

선진 기업 중 하나인 아마존에서 일한 경력을 갖고 있었기에 격려 차원에서 우리 회사 물류 시스템 개선에 기여해 달라고 말한 적이 있다. 이후 현지 법인장으로 부임해 그 직원과 몇 번 마주쳤고, 그는 자신의 부인이 한국 사람으로 내가 알고 지내던 지인의 누나라고 하며 반가워했다. 그런데 시간이 지나 관리 담당 임원이 나에게 그 직원이 최근 문제를 일으키고 있는데 자기가 법인장과 잘 안다고 이야기한다면서, 혹시 특별히 신경 써야 할 관계인지 조심스럽게 물어왔다. 나는 전혀 그런 관계가 아니라며 규정대로 처리하라고 했지만 이러한 오해가 조직 내에서 어떻게 작용할 수 있는지를 실감했다.

리더는 이러한 사적인 관계로 인해 조직 내 줄서기 문화가 조성되지 않도록 주의해야 한다. 본의가 아니더라도 특정인을 편애하는 듯한 모습을 보이면 구성원들의 사기를 떨어뜨리고, 조직의 건강성이 저하

된다. 리더는 항상 공정한 태도를 유지하며, 특정인의 의견만을 듣기보다는 다양한 관점을 수용하는 자세를 가져야 한다. 또한 조직 내 권력을 이용해 강압적인 분위기를 조성하는 사람이 있는지 면밀히 살피고, 문제가 발생하면 신속하게 조치를 취해야 한다. 조직 내에서 횡포를 부리다가 적발된 사람을 보면 평소 리더에게 너무 잘 대해주고 반듯한 사람처럼 보였던 경우도 많다. 그러므로 조직 내 갈등을 예방하기 위해서는 중간 관리자들의 선발과 배치에 신중해야 한다. 지나치게 권위적이거나 개인의 이익을 쫓는 사람을 피하고, 협력적이고 팀워크를 중시하는 인재를 선발하는 것이 필요하다.

그렇다면 조직의 발전을 위해 리더는 어떤 사람을 곁에 두어야 할까? 개인적으로 나는 당장은 조금 불편해도 소신껏 얘기하는 사람을 곁에 둔다. 조직의 리더는 고독할 수밖에 없다. 가까이 다가오는 사람들 중

십중팔구는 리더가 가진 권력을 통해 무엇인가 얻어내길 바라기 때문이다. 그 바람이 공적인 사안일 수도, 사적인 이익을 위한 술수일 수도 있지만, 어쨌든 무엇인가 바라고 다가오는 것은 마찬가지다. 그래서 리더에게는 다 잘해준다. 말도 안 되는 얘기를 혼자 떠들어도 그냥 참고 들어준다. 내가 똑똑하거나 나를 좋아해서 내 말을 듣는 것이 아니라, 내가 그들이 바라는 것을 줄 수 있기 때문에 끄덕끄덕하는 것이다. 그런 가운데서도 리더가 사리에 맞지 않거나 잘못된 결정을 하게 되는 상황에 놓이면 "그게 아니다"라고 제지하는 사람이 있다. 이런 사람들은 대하기 불편할지 몰라도 소신 있는 사람으로 존중을 받아야 마땅하다.

리더가 부하들과 개인적인 교분을 나누고 인간적으로 가까워진다 해도 친구 같은 관계는 본질적으로 불가능하다. 일로써 맺어진 관계인 이상 내가 리더의 자리에서 물러나면 멀어지는 것이 자연스럽다. 따라서 평소에도 적절한 거리를 유지하면서 주변 사람을 존중하고 일에 충실한 사람들을 주변에 두도록 한다.

잊지 말자. 리더는 고독한 (고독해야 하는) 자리다.

진정성

요즘 여기저기에서 진정성이라는 말이 많이 들린다. 그다음 따라오는 말이 "믿고 따를 리더가 없다"일 것이다. 잊을 만하면 리더의 갑질 논란으로 세상이 떠들썩해지고 '블라인드'와 같은 무기명 커뮤니티에서 그릇된 행동을 일삼는 리더의 실체가 드러난다.

리더에게 진정성이 중요한 이유는 사람들이 자발적으로 리더를 따르게 하는 힘이기 때문이다. 그렇다면 어떻게 해야 구성원들로부터 진정성을 인정받을 수 있을까?

조직의 구성원들로부터 진정성을 인정받으려면 무엇보다 리더가 정직해야 한다. 사실을 왜곡하지 말고 자신에게 불리한 사항도 있는 그대로 얘기해야 한다. 세상에는 리더의 처세술에 대한 잘못된 조언들이 횡행한다. 아무리 회사가 어려운 상황을 맞이해도 "절대로 현실의 엄중함을 인정하지 말고 자신감을 보여주어야 한다"와 같은 얘기 말이다. 이는 옳지 않다. 리더가 잘못 판단하거나 실수한 것이 있으면 정직하게 밝히고 사람들에게 사과해야 한다.

조직이 위기에 처해 있을 때 리더는 두 가지의 선택을 할 수 있다. 하나는 사람들이 너무 놀라지 않게 현실을 완곡하게 설명하는 것이다. 전쟁 시 아군 사상자의 수를 줄여서 발표한다든지, 경제 관련 브리핑을 할 때 좋지 않은 소식보다는 희망적인 쪽에 초점을 두고 발표하는 것들이 이런 생각을 반영한다.

이런 생각이 일리가 없는 것은 아니다. 나쁜 상황

을 그대로 발표했을 때 사람들이 투매를 한다든지, 상점으로 몰려가 사재기를 한다든지 같은 일이 일어날 수 있기 때문이다. 문제는 이런 방법이 계속되면 사람들이 공식적인 발표가 과장되어 있거나 허위라고 믿게 된다. 당연히 이를 허용한 리더를 신뢰하지 않게 되고, 리더의 말 속에 숨은 진실을 찾으려 시간과 에너지를 낭비하게 된다.

리더가 할 수 있는 두 번째 선택은 상황을 있는 그대로 얘기하고 그런 가운데서도 나아가야 할 길을 제시하는 것이다. 나는 회사 생활에서 맞았던 두 개의 커다란 위기 속에서 정반대의 접근 방식을 택하였다. 미국에서 레이저폰의 가격 인하 공세를 맞아서 상반기 전 주문이 취소되고 하반기도 전혀 기약이 없는 큰 위기를 맞았을 때, 주요 간부를 모아 놓고 전 조직원들이 영상으로 지켜보는 회의에서 현실을 가감 없이 얘기했다. 당장 취할 수 있는 대책이 없음을 고백하면서 빠른 시간 내에 대책을 수립하여 여러분과 상의하겠다고 약속했다. 참모들은 직원들이 혼란에 빠져 일이 안 돌아갈 테니 상황을 낙관하는 격려성 발언을 하라고 했지만 나는 거부했다. 사람들이 리더의 희망적인 말을 듣고 싶어 한다는 것이 커다란 압박으로 느껴졌지만, 나는 일체의 근거 없는 희망적인 말을 하지 않았다. 뭐라 해도 거짓말이 될 것임을 너무 잘 알았기 때문이다. 이때 사람들이 느낀 불안감과 두려움은 2~3주 지나 타당성이 검토되고 본사에서도 승인된 반격 계획을 제시했을 때 모두의 결연한 행동으로 이어졌다. 나중에 알게 된 이야기지만 모두가 뒷소문을 통해 진실을 어느 정도 짐작하고 있었는데, 리더가 현실을 있는 그대로 얘기하는 것을 보며 신뢰하는 마음을 가지게 되었다고 한다.

이 일을 겪고 오랜 세월이 지난 후 위기에 빠진 스마트폰 사업을 살려내라는 임무를 받고 부임했을 때는 정반대였다. 당시 프리미엄 스마트폰의 시장은 애플과 삼성이라는 양대 업체가 90%를 점하고 있었다. 우리 회사는 불과 1~2%에 머무는 상황이었지만 전년도 발표했던 신모델이 나름대로 선전을 하면서 작은 성공 체험을 하고 있던 상태였다.

나중에 보니 양대 업체가 메탈과 유리라는 신소재로 디자인의 대대적 변화를 거치는 동안 우리는 준비와 투자를 전혀 하지 못한 상태였고 우리 제품의 선전 또한 일시적 현상이었다. 하지만 나는 모처럼 생긴 조직의 자존감을 무너뜨리는 것보다는 격려가 필요한 시기라고 판단했고, 취임 초기에 상당 기간을 희망의 메시지를 내려고 애썼다.

이제 와서 돌이켜 보니 사람들로 하여금 "그래도 우리가 대기업인데 뭐 망하기야 하겠어" 같은 안일한 마음을 가지게 한 것 같다(나중에 안 사실이지만 부서 간의 알력도 여전했고, 주말에 회의 때문에 골프 못 치게 되었다고 불평하는 임원도 있었다). 차라리 처음에 조직이 처한 참담

한 현실을 전 직원에게 솔직하게 말하고, "이대로라면 시간이 갈수록 어려워진다. 상황을 타개할 수 있는 어떤 아이디어라도 좋으니 도와달라"고 요청했으면 어땠을까 하는 후회를 한다.

나는 이끄는 사람인가, 따르는 사람인가

"당신은 훌륭한 리더가 될 수 있다고 생각합니까?"

이런 질문을 받으면 아마 대부분 당황할 것이다. 그리고 이 질문을 하는 사람이 자신의 상사라면 아마 그렇다고 대답할 것이다. 그런데 생각해 보자. 정말 여러분의 마음속에 스스로 훌륭한 리더라는 확신이 있을까? 아마 그렇지 않을 것이다.

나는 스스로 자신이 훌륭한 리더인지를 판단할 수 있는 가장 중요한 기준은 '무리에 대한 책임감'

이라고 생각한다. 크든 작든 무리를 이끄는 리더는 우선 나서서 이끌기를 좋아하되, 그 무리의 생존과 번영에 책임감을 느껴야 한다. 물론 책임감만큼 중요한 것이 생존을 위한 수많은 결정을 제대로 하고 무리를 그에 따르도록 이끄는 능력이겠지만, 무리에 대한 책임감이 없는 리더는 재앙이 될 수 있다.

권력을 누리고 우두머리 노릇을 즐기는 데 주된 관심이 있는 리더는 아무리 능력이 뛰어나도 조직에 해를 끼칠 수밖에 없다. 무리가 죽어나가는데 자신의 권위를 더 살리는 방향으로 무리를 몰아갈 수도 있고, 아예 능력조차 없으면 무리를 다 죽게 만들 수도 있기 때문이다.

동물의 왕 사자를 아는가? 맹수 세계의 최고 우두머리라 불리는 사자는 무려 350만 년 동안 멸종하지 않고 살아남았다. 날카로운 이빨과 강인한 체력, 최고의 사냥 능력 덕분에 인간보다 최소 열 배 이상의 역사를 지닐 수 있었을 거라고 추측하기 쉽지만 상당수 연구자들이 추정하고 있는 원동력은 전혀 의외의 곳에 있다. 바로 리더십이다.

사자들은 보통 30~40마리씩 무리를 지어 살아가는데 이 무리의 우두머리가 자신의 후계자를 정하는 방법이 조금 독특하다고 알려져 있다. 바로 사냥 능력이 가장 뛰어난 사자를 지목하지 않는다는 것이다. 우두머리 사자는 중간 보스격의 사자들이 사냥감을 잡는 데 성공한 뒤 그 사냥감을 잡는 데 일조한 다른 경쟁자의 부하에게도 먹이를 나눠주는지 살핀다고 한다. 그리고 그렇게 하지 않는 이른바 이기적인 중간 보스에게는 결코 최고 리더의 자리를 물려주지 않는다는 것이다.

사냥에는 늘 다양한 변수들이 존재한다. 어떤 돌발상황이 벌어질지 모르는 예측불허에서 자기 휘하의 부하들로만 사냥을 하는 것은 기본적으로 실패할 가능성이 크다. 그래서 사자의 사냥은 늘 자신의 부하가 아닌 사자들의 순간적인 도움을 필요로 하는 경우가 태반이다. 그러니 획득한 사냥감을 신속하면서도 적절한 도움을 준 사자들에게 나눠주지 않으면 그 사자가 아무리 뛰어난 사냥 실력을 갖고 있다 하더라도 조직의 문화에는 결코 이로운 존재가 될 수 없을 것이다.

북아메리카 지역에 서식하는 늑대의 우두머리인 '알파 수컷' 역시 사냥에 성공하면 암컷이나 몸집이 작은 수컷들이 먼저 먹도록 잠시 기다린다고 한다. 자신이 언제나 무리에 신경 쓰고 있다는 사실을 상징적으로 보여주는 행동인 셈이다. 알파 수컷을 따르는 나머지 늑대들은 그 모습을 보며 안정감과 충성심을 갖는다고 알려져 있다.

인간의 조직생활도 마찬가지다. 리더를 꿈꾼다면 스스로에게 "나는 앞장서서 다른 사람들을 이끄는 것을 좋아하는가? 그 이유는 무엇인가?"를 물어보기 바란다. 스스로 생각하기에 나서서 이끌기를 좋아하는데 사실 이끄는 대상들에 대한 관심은 별로 없다면 권력자는 될 수 있겠지만, 진정한 리더로 성장하기는 어렵다. 리더는 일차적 관심이 자신이 아니라 이끌고자 하는 무리를 향해 있는 사람이기 때문이다.

사양할 수 있는 용기

나는 '자리가 사람을 만든다'라는 말을 그다지 좋아하지 않는다. 자칫 '닥치면 다 할 수 있다'는 위험한 생각으로 향할 수 있기 때문이다.

모든 중요 직책에는 고도의 전문지식과 판단 능력, 그리고 리더십 역량이 필수적이다. 옛날처럼 고전을 섭렵하고 시문을 잘 지어 과거에 합격하면 제너럴리스트로서 큰 책임을 감당할 수 있는 시대가 아니다. 하지만 여전히 많은 사람이 자신이 그 자리에서 일을 잘 할 수 있는 역량이 있는지, 무엇을 달성하고 싶은지에 대한 깊은 고민 없이 자리를 탐하는 듯하다.

물론 나의 능력과 맞지 않는 자리에 가더라도 어떻게든 임무를 수행할 수는 있을 것이다. 문제는 자기만의 생각 없이 부하들이 써준 대로 읽고, 그들이 짜준 일정대로 겉돌다 보면 어느새 임기가 끝나는 것이다. 급기야 옳지 못한 자신의 판단만을 밀어붙이다가 큰 사고를 치기도 한다.

공직이든 사기업이든 오늘날 세상은 정말 복잡하고 변화가 빠르다. 리더의 자질 중에는 정확한 상황 판단력이 중요한데 그러기 위해서는 다양한 분야에 고른 전문지식이 반드시 수반되어야 한다.

내가 현직에 있을 때 회사에서 어떤 일을 맡으라고 해도 대부분 자신이 있었다. 대개 관련 업무를 해오고 있었기 때문에 새로운 일에서 무엇이 필요한지, 어떻게 하면 좋을지에 대해 감을 가지고 있었기 때문이다. 이처럼 새로운 업무에 대해 감이 있고 경영에 대해

고도의 훈련과 경험을 가진 나조차도 실패한 경우가 상당수였다. 하물며 본인의 전문 분야가 아닌 곳에, 그것도 위기 상황에서 자리가 좋아 보인다는 이유로 욕심을 내는 사람들을 보면 착잡함이 든다. '대체 무엇을 믿고 저렇게 자신 있어 하는가'에 대한 의문도 함께 느낀다.

이러한 무모한 자신감은 단지 특정 직책을 탐하는 행위를 넘어, 일상적인 대화에서도 드러나곤 한다. 사람들과 대화하다 보면 객관적으로 그 분야에 대해 잘 알 것 같지 않은 사람이 확신에 찬 어조로 이야기하는 경우가 많다. 해당 분야에 몸담고 있는 사람인 경우에도 다른 전문적 의견이 존재한다는 것을 알기에 자기 의견을 너무 자신 있게 이야기하면 믿음이 잘 안 가는데, 하물며 그렇지도 않은 사람이 어디선가 읽거나 들은 단편적인 정보를 마치 깊은 고민 끝에 얻은 지식처럼 확신에 차서 이야기하는 것은 큰 문제다.

본인은 자기 정도면 충분히 판단할 수 있다고 생

각하는 것 같지만, 세상사는 아마추어가 쉽게 내리는 판단이 다 맞을 만큼 간단치 않다. 그래서 겸손한 마음을 가지는 것이 중요하다. 항상 자신이 틀릴 수 있다는 것을 의식하면서 판단하고 언행을 조심하는 것이 중요하다.

하물며 자신의 판단과 결정에 많은 사람의 운명이 달려 있는 직책을 맡으려 할 때는, 과연 자신이 그 일에 필요한 자질과 비전을 갖추고 있는지 겸손하게 자문해 보아야 한다. 진정으로 적임자가 아니라고 판단된다면 기꺼이 사양할 수 있는 성숙한 용기를 가진 리더들이 많아지기를 기대한다.

5장

당신만의
무기를 갖고 있는가?

원래 하던 일인데요?

내가 후배들에게 자주 하는 이야기가 있다. 어느 비 오는 날, 왕이 창문을 통해 정원을 바라보고 있는데 한 병사가 화단에 물을 주고 있는 것이었다. 왕은 의아해서 병사에게 다가가 물었다.

"비가 오는데 왜 화단에 물을 주고 있는가?"

그러자 병사가 이렇게 대답했다.

"글쎄요. 이유는 저도 잘 모르겠습니다. 그저 전임자가 이렇게 해야 한다고 해서 저는 충실하게 그 일을 하고 있을 뿐입니다."

왕은 신하를 시켜 병사들이 비 오는 날 화단에 물을 주는 이유를 알아오게 하였고 곧이어 사정을 들을 수 있었다. 예전에는 화단 위를 지붕이 덮고 있어서 비가 오더라도 물을 주어야 했지만 건물을 다시 지으면서 그 지붕이 없어지고 화단이 다시 조성되었음에도 불구하고 병사의 업무 지침은 그대로 내려왔다는 것이다.

그저 우스꽝스러운 이야기라고 생각하는가? 전혀 그렇지 않다. 이런 일은 현실에서도 드물지 않게 일어난다. 회사 일을 하다 보면 어떤 이유 때문에 만들어진 일하는 방식이나 제도가 현재의 달라진 환경 속에서 버젓이 살아 있는 경우가 많다. 아무도 왜 그렇게 하는지, 무엇이 변화했는지를 생각하려고 하지 않는다. 따라서 이러한 지점을 찾아내 현재 실정에 맞게 적절히 변화시키는 것이 커다란 성과로 이어지기도 한다.

주요 부품이 한 납품업체에 의해 독점적으로 공급되고 있다고 하자. 만약 이를 세 개 정도의 업체로 배분한다고 생각하고 주기적으로 입찰을 하면 납품 가격이 낮아지는 것은 물론이고 공급의 안정성 면에서 큰 도움이 될 것이다. 그런데 놀랍게도 많은 기업이 이러한 개선을 시도하려고 하지 않는다. 특정한 기업의 이득을 위해 물량을 몰아주는 부당 거래 때문이기도 하고, 오랜 세월 동안 회사 주요 인사들이 쌓아온 인간관계 때문일 수도 있다. 만약 납품받는 업체의 고위 직원이 퇴직한 뒤 해당 납품업체의 경영진이 된다면 이 관계는 아무도 건드릴 수 없는 성지가 되어 있을 것이다. 문제는 더 이상 이런 공급망으로는 경쟁력을 가질 수 없는 절박한 상황인데도 아무도 그걸 깨뜨리지 못한다는 데 있다. 아니, 깨뜨리려는 생각 자체를 하지 않는다.

여러분이 영업이나 개발, 생산, 구매 같은 부서가 아니라 지원 업무를 맡고 있다고 해도 마찬가지다. 인사를 예로 들어보겠다. 신입사원으로 처음 회사에 들어가면 한 부서의 막내로, 이후에는 상급자의 하위 파트너가 되어 일을 배우다가 경쟁을 통해 승급하고, 더 큰 책임을 맡는 방식으로 승진하는 게 그동안 한국 기업의 인재 육성 방식이었다. 그런데 최근 조사에 따르면 신입사원의 3~40%가 입사 3년 내 퇴사하는 것으로 드러났다. 결국 위와 같은 인재 육성 방식이 더 이상 개인과 기업의 발전에 긍정적인 영향을 끼치지 못하고 있다는 얘기다. 요즘 젊은 사람들에게 회사 생활 중 무엇이 가장 힘드냐고 물어보면 큰 기계의 부품처럼 일하다 보니 재미도 보람도 없다는 이야기를 많이 한다. 기를 쓰고 승진해도 선배들을 보면 지금과 별로 달라지는 것 같지 않다는 얘기도 한다.

나의 지난 시절을 돌아보니 과거에는 회사에서 일하다 보면 어떤 업무든 새로 시작하거나 하고 있는 일이라도 부족한 부분이 많이 보여 해외 선진 기업에서 배워올 것도 많았고 스스로 자료들을 뒤져보면서 연구하고 개선점을 찾아가는 과정이 있었다. 그리고 당연히 그 부분에서 얻는 성과는 나의 몫이었다.

적절한 비유가 맞을지 모르지만 반에서 꼴등 정도의 실력을 가진 학생이 열심히 공부해서 중간까지 가는 것은 비교적 쉬운 일이다. 심지어 실력이 느는 게 바로바로 눈에 보이니까 재미있기까지 하다. 그렇지만 중위권을 지나서 상위권으로 올라서는 일은 여간 어려운 일이 아니다. 1~2점 올리는 데도 엄청난 노력이 필요하다.

이런 맥락에서처럼 업무 시스템이 어느 정도 짜인 상태에서 직원들에게 철저히 따르기만을 강요하다 보니 직원 입장에서는 당연히 재미도 없고 지치기도 할 것 같다. 결국 젊은 직원들이 일에 재미와 보람을 찾을 수 있도록 조직의 구성과 업무 방식을 바꾸는 것이 우리 기업이 앞으로 해결해야 할 과제이지 않을까?

내가 오랫동안 조직에 몸담으면서 구성원들이 즐

겁게 일할 수 있는 방식으로 생각한 것은 소규모 완결형의 사업 단위를 많이 만들고, 직원 스스로가 성과에 책임감을 가지면서 일하도록 하는 것이다. 입사 5~6개월 차 신입사원이라도 자기가 맡은 업무에 대해서는 책임을 지고 운영해야 한다(이야기를 하다 보니 내가 처음 입사했던 존슨앤드존슨의 분권형 경영 조직과 비슷하다는 생각이 든다. 이런 조직에서 일하면 힘은 들지만 스스로가 일의 주인이 되었다는 자긍심에 재미있게 일할 가능성이 크다). 인사는 바로 이러한 변화의 설계자인 동시에 관리자가 되어야 한다.

마지막으로 변화를 꾀할 때 주의해야 할 점이 하나 있다. 변화를 추구하는 리더들이 흔히 저지르는 실수인데, 조직을 개선하겠다는 목표로 일하는 방식이나 시스템을 크게 변화시켰는데, 개선하고자 하는 부분은 성과가 좋아졌지만 제대로 운영되고 있었던 곳에서 문제가 발생할 수도 있기 때문이다. 효율적인 변화를 시도하려면 잘 운영되던 기존의 방식이 흔들리지 않는지 점검하는 일이 필수로 선행되어야 한다.

상황이 변하면 전략도 변해야 한다

앞서 성공 사례를 연구해 자신의 사업에 적용할 때의 이점에 대해 이야기한 적이 있다. 그런데 이러한 방식이 모두 좋은 결과를 가져다주는 것은 아니다. 특수한 상황에서 이루어진 성공 방정식을 그대로 따라 했다가 낭패를 보는 경우가 종종 있기 때문이다.

여러분이 잘 알고 있는 편의점 브랜드 GS25가 LG25라는 이름으로 LG그룹에 속했던 1990년대는 한국에 편의점이라는 존재가 태동하던 시절이었다. 그 당시에는 최단 기간에 일정 개수 이상의 점포를 확보하면(일반적으로 300개다) 구매와 운영 비용 측면에서 사업 경쟁력을 가질 수 있다는 것이 일본의 선례를 통해 배운 업계의 공통된 믿음이었다. 당연히 업계 전반에 걸쳐 치열한 점포 입지 확보 경쟁이 벌어졌다. 그 결과 주요 입지의 보증금과 임대료가 천정부지로 치솟았고 가맹주는 물론이고 본사도 수익이 거의 나지 않는 상황까지 몰렸다. 그럼에도 불구하고 회사에서는 300개를 오픈하면 적자지만 500개, 더 나아가 1,000개의 지점으로 확장하면 모든 것이 해결될 것이라고 외치며 점포 확대에 몰두했다.

상황이 악화되자 LG그룹 본사에서는 나를 팀장으로 하는 프로젝트 팀을 파견하였고, 우리는 냉정한 시장 분석을 통해 경쟁 격화 후 출점한 점포 대부분이 회사의 수익에 도움이 되지 않는다는 사실을 밝혀냈다. 지금처럼 점포를 늘리는 데만 집중하면 아무리 점포 수가 늘어나도 수익이 좋아질 수 없다는 판단을 내린 것이다. 사실 이런 현실은 현장 직원들 사이에서는 이미 널리 퍼져 있었다. 다만 "지금은 힘들어도 300점, 500점을 넘어가면 좋아질 거야"라는 믿음 때문에 부적격인 입지에도 무리해서 출점을 결정하는 일이 반복되었던 것이다.

생각해 보면 이런 규모의 경제는 점포당 수익 기여가 발생한다는 전제가 깔려 있는 것인데 숫자를 늘리다 보면 회사 전체 구매 경쟁력도 향상되고 점포당 관리 비용도 낮아질 것이라 믿었던 것이다.

하지만 실제 일어난 일은 기대와는 전혀 달랐다. 워낙 높아진 임대료 때문에 어지간한 입지로는 아무리 원가 개선을 해도 수익을 낼 수 없는 부실 점포가 되어버렸으니 말이다. 결국 우리는 막대한 손실을 감수하면서 부실 점포 정리에 착수하게 되었고, 신규 출점 시에 훨씬 엄격한 기준을 적용하게 되었다. 이런 고통스러운 구조 조정 과정을 거친 후 회사는 수익성을 회복하였고 이후 건강한 성장을 하게 되었다.

특정 성공 사례를 자신의 업무에 도입하는 것은 분명히 바람직한 방향이다. 그러나 환경과 조건에 따라 얼마든지 다른 결과가 나올 수 있다는 점을 잊어서는 안 된다. 특히 다양한 성과를 만들어낸 적이 있는 사람이라면 경험에 대한 확신이 교만으로 이어지기 쉽다. 뼈아픈 실패를 겪지 않기 위해서는 반드시 지금 우리가 처한 환경이 어떠한지 철저하게 점검하는 자세가 필요하다.

우리 부대의 행군 속도는?

 시장에 대한 판세를 제대로 읽는 것 못지않게 중요한 것은 바로 자신의 능력을 정확하게 아는 것이다. 내 상사 중 한 분은 "우리 부대의 행군 속도를 알아야 한다"라는 말을 자주 하셨다. 이 말이 무슨 뜻인고 하니 20세기 초까지는 주요 전장에 적들이 집결하기 전에 부대가 도착하여 압도적인 전력으로 상대를 공격하는 것이 승리의 주요 요인이었다고 한다. 따라서 여러 갈래로 진격하는 아군들이 동일한 시점에 전장에 집결하도록 해야 하는데, 자기 부대의 행군 속도를 알지 못하는 부대는 이미 집결한 상대의 공격을 받아 무너진다는 것이다.

　회사도 마찬가지다. 비즈니스 세계는 전쟁터라고 할 수 있다. 특히 경쟁사와 전쟁을 벌일 때는 수많은 일들이 여러 갈래로 진행된다. 만약 주요 업무 중 하나에 문제가 생기면 나머지 일에도 악영향을 주면서 커다란 낭패를 보게 된다. 예를 들어 제품 출시일을 맞추지 못한다든가, 우리 회사의 공급 능력을 지나치게 넘어서는 수주를 했다가 생산이 뒷감당을 못해 주요 고객들을 잃는다든가, 자금 동원 능력을 과신한 나머지 기업 인수전에 뛰어들었다가 너무 커진 부채로 무너진다든가, 대규모 마케팅 캠페인을 벌여 어마어마한 양의 주문을 받은 뒤 대량 생산에 실패해 큰 손실을 본다든가 등의 일이다.

　개인적으로 내 기억 속 가장 아픈 기억은 스마트

폰 사업의 재건 책임을 맡아 모듈러 타입의 스마트폰이라는 혁신적 제품을 출시하게 되었는데, 대량 생산에 실패하여 큰 손실을 본 일이다. 1년 넘게 준비해 온 세계 최초의 모듈러 디자인폰 G5를 내놓아 업계와 소비자들의 열광적인 호응을 받았지만 모듈러 디자인 구조물의 생산에 차질이 생겼던 것이다.

당시 개발 과정에서도 모듈러 디자인 구조물을 원하는 품질 수준으로 생산하기가 쉽지 않다는 의견이 몇 차례 나왔었다. 하지만 그전까지 몇 번의 독특한 디자인의 제품을 성공적으로 출시해 온 터라 충분히 해낼 수 있을 것이라고 자신했다. 그러나 결국 양산 시점까지도 그 문제가 해결되지 않았고 이는 프로젝트 전체의 성공에 결정적 장애가 되고 말았다. 당시에 나는 두 가지 생산 공법 중 한 가지를 선택했는데, 돌이켜 생각해 보면 중복이 되더라도 리스크를 줄이기 위해 두 생산 공법 모두 추진하는 게 옳았다는 아쉬움이 남는다.

이처럼 우리가 할 수 있는 역량의 크기를 정확하게 파악하지 못하면 눈앞의 성공을 움켜쥐지 못하고 허무하게 떠나보낼 수도 있다. 일이든 삶이든 가장 중요한 것은 언제나 '나'를 제대로 들여다보는 일이다.

판을 뒤집어라

수많은 제조업체들이 기능과 스펙만으로 경쟁하던 MP3 기기 시장에서 아이팟(iPod)이 등장했을 때 많은 사람들이 놀랐을 것이다. 그도 그럴 것이 아이팟은 상품 기획부터 기존 제품의 핵심 전제를 완벽하게 뒤집었기 때문이다.

아이팟 이전의 MP3 기기는 다양한 기능과 충분한 저장 용량을 주요 경쟁력으로 삼았다. 하지만 이렇게 고사양 제품들이 쏟아져 나오는데도 불구하고 대부분의 소비자들은 자신이 좋아하는 음악을 찾아서 듣는

데 어려움을 겪고 있었다. 게다가 음원을 판매하는 콘텐츠 회사 입장에서도 불법 다운로드 사이트들이 횡행하는 바람에 MP3 콘텐츠를 적극적으로 밀기가 어려운 상황이었다.

이때 아이팟은 최고의 스펙이 아니라 가장 매력적인 디자인과 사용성을 내세웠고, 원하는 음악을 쉽게 찾아 합리적인 가격에 내려받을 수 있는 아이튠스(iTunes) 서비스를 동시에 제공함으로써 전 세계 MP3 플레이어 사용자들의 마음을 뒤흔들었다.

만약 애플이 다른 MP3 업체와 마찬가지로 스펙 경쟁에 뛰어들었다면 업계 판도를 바꾸기는커녕 수익을 내기조차 어려웠을 것이다. 애플의 아이팟은 소비자가 진정으로 원하는 것이 무엇인지를 새롭게 찾아내 판을 뒤집음으로써 시장의 독점적 위치를 차지한 좋은 예라고 할 수 있다.

소프트웨어 구독도 마찬가지다. 지금은 대다수의

대형 소프트웨어 기업들이 구독 서비스를 제공하고 있지만, 몇 년 전에 어도비(Adobe)란 회사가 구독 서비스를 처음 시작했을 때는 커다란 모험에 가까운 일이었다. 그때까지 소프트웨어 회사들은 소프트웨어 패키지를 DVD에 담거나 온라인에서 다운로드를 하는 방식으로 판매하고 있었다.

어도비의 구독 서비스는 한 번에 목돈을 지불하는 게 아니라 매달 합리적인 가격의 구독료를 지불하는 방식이기 때문에 소비자들 입장에서는 환영할 만한 일이었지만 회사 입장에서는 초기 몇 년간 현금 흐름이 크게 악화될 뿐 아니라 중간에 구독을 중단하는 고객이 많아지면 회사의 생존을 위협할 수 있을 정도로 위험한 도전이었다.

하지만 결과는 놀라웠다. 구독 방식을 사용한 고객들이 최신 업데이트된 소프트웨어를 사용할 수 있을 뿐만 아니라 회사의 지원이 필요할 때 즉각 도움받을 수 있다는 걸 알게 되면서 입소문을 타게 된 것이다. 그 결과 더 많은 고객들이 어도비의 구독 서비스를 이용하게 되었고 어도비는 고객이 매일 소프트웨어를 사용하면서 쌓인 데이터를 활용해 실시간으로 자사의 상품을 개선하고, 고객이 필요로 하는 추가적인 서비스를 제시할 수 있게 됨으로써 더 큰 성장의 발판을 마련할 수 있었다.

똑게와 똑부

서른다섯에 임원(상무보)이 된 후 처음으로 심리 검사를 받은 적이 있다. 그런데 놀랍게도 내 공격성이 상위 3%에 해당한다는 결과가 나왔다. 그동안 스스로를 공격성이 강한 사람이라고 생각해 본 적이 없었는데 의외의 결과였다. 그런데 검사해 주시는 분이 공격성에 대한 해석을 이렇게 내려주었다. "공격성이 타인을 향하면 주변을 힘들게 하고, 스스로를 향하면 우울증이 됩니다. 그런데 상무님께서는 일로 향하신 것 같아요."

생각해 보면 어떤 과제가 주어졌을 때 움츠러든 적은 별로 없었던 것 같다. 아무리 힘들어도 팔을 걷어붙이고 "그래, 한번 해보자"라고 도전했던 기억이 대부분이다.

언젠가 후배를 만나 어떤 사람이 훌륭한 리더인가에 대한 재미있는 대화를 나눈 적이 있다. 2차 세계대전 당시 독일 장군인 에리히 폰 만슈타인(Erich von Manstein) 장군이 언급한 네 가지 종류의 리더인데 똑부와 똑게, 멍부와 멍게다. 여기서 똑부는 똑똑하고 부지런한 리더, 똑게는 똑똑하고 게으른 리더, 멍부는 멍청하고 부지런한 리더, 멍게는 멍청하고 게으른 리더란다.

당연히 이 중에서 최악은 멍청하고 부지런한 리더일 것이다. 그런데 가장 뛰어난 사람은 똑게일까, 똑부일까? 만슈타인 장군은 똑게 유형의 리더가 가장 훌륭하다고 주장했다고 한다. 왜일까? 바로 똑똑함으로 인해 일을 지혜롭게 지시하고, 게으름의 특성 때문에 자신의 부하직원들이 결과를 가져올 때까지 느긋하게 기다려주기 때문이다.

실제로 미국 역대 대통령인 지미 카터(Jimmy Caeter)와 로널드 레이건(Ranald Reagan)은 서로 상반된 평가를 받은 것으로 유명하다. 지미 카터는 하루에 열여섯 시간을 일하는 일중독자로 널리 알려져 있다. 하지만 그는 취임 초반부터 대중들의 신뢰를 얻지 못했고, 결국 재선에도 실패하고 말았다. 반면 로널드 레이건 대통령은 하루에 두세 시간만 일하는 베짱이라고 반대 진영의 공격을 받고는 했지만 재선에 성공한 것은 물론이고, 재임 기간 중에도 국민들의 지지를 받은 것으로 유명하다.

한참을 웃으며 이야기를 나누고 집에 돌아오는 길에 과연 똑게와 똑부 중 누가 더 좋은 리더일까에 대한 생각을 멈출 수 없었다. 여기서 내가 내린 결론은 이러하다. 똑게든 똑부든 상관없이 누구나 동의할 수밖에 없는 일 잘하고 탁월한 성과를 내는 리더의 특징은 크게 다르지 않다는 것이다. 쓸데없는 일은 지양하고, 일이 제대로 이루어질 수 있도록 자신의 권한을 위임할 줄 알며, 발전과 혁신을 위한 핵심에 집중하고, 일의 진행 과정에서 의문을 갖고 함정을 피해 나가며 일을 완성시키는 사람들이 바로 우리가 원하는 진정한 리더의 모습 아닐까?

이제 와서 문득 나는 똑게였나, 똑부였나를 돌아보게 된다. 그리고 또 하나의 사실을 깨닫게 된다. 진짜 리더라면 자기 자신에게는 부지런함을 채찍질하는 똑부의 모습으로, 주위 사람에게는 여유 넘치는 모습을 보여주는 똑게의 모습으로 살아야 한다는 사실을 말이다.

리더의 말하기

 조직 생활을 하면서 힘들었던 것 중 하나는 직원들과의 소통 문제였다. 이상하게도 우리나라 사람들은 질문을 잘 하지 않는다. 궁금한 게 있으면 언제든지 물어라, 이상한 게 있으면 언제든지 지적하라고 아무리 기회를 주어도 다들 약속이라도 한 듯 입을 꾹 닫고 한마디도 하지 않는다.

 문제는 그다음에 발생한다. 지시를 제대로 알아듣지 못해 딴소리를 하거나, 자기 마음대로 엉뚱한 해석을 내려 일을 망치기 때문이다. 이런 일을 방지하기 위해 부하에게 중간중간 질문을 하지만 일일이 확인하기란 현실적으로 매우 어려운 일이다.

생각해 보면 이런 일이 조직 내에서만 일어나는 건 아닌 것 같다. 나는 제대로 전달했다고 생각했는데, 상대방은 거의 알아듣지 못하는 경우가 일상에서도 흔히 일어나기 때문이다. 예를 들어 "내일 점심쯤 보자"라고 친구에게 말하고 약속 장소에서 12시부터 기다리는데, 친구가 오지 않아 전화를 해보니 이제 막 나갈 준비를 한단다. 알고 보니 나는 점심이라고 해서 당연히 12시를 생각했는데, 친구는 예전에 바쁜 시간 피하자고 해서 1시에 만난 적이 있다 보니 1시라고 받아들인 경우다.

실제 연구 결과를 보아도 무언가를 설명하는 쪽에서는 자신이 전달한 내용의 최소한 50% 정도는 상대방이 알아들을 것이라고 기대하지만 상대방이 실제로 이해하거나 기억하는 양은 그 10분의 1에 불과한 약

5%라고 하니 그 차이가 얼마나 큰지 실감할 수 있을 것이다. 그래서 예전부터 조직을 다스리는 리더는 동일한 메시지를 다양한 방법으로 열 번 스무 번 반복해야 한다는 얘기를 해왔다.

소통 방법도 그렇다. 우리는 흔히 부하직원에게 어떤 일을 지시하고 난 뒤 "김 과장, 제대로 이해했어?", "이 대리, 내 말 알아들었지?"라고 묻는다. 그런데 이런 상황에서 상대, 특히 부하직원은 솔직하게 이야기하기 어려워진다. 왜냐하면 제대로 이해하지 못한 책임이 자기 자신에게 있는 것처럼 느껴지기 때문이다.

이럴 때는 책임의 주체를 나로 향하게 해야 한다. "알아들었지?", "내 말 이해했지?"라는 말 대신 "김 과장, 내가 제대로 전달했나?", "이 대리, 내가 명확하게 설명했나?"라고 물어야 한다는 것이다.

또한 조직 생활을 하면서 부하들이 내게 가장 부담 없이 말을 해올 때는 내가 그들에게 조언을 구할 때였다. "이 부분이 좀 만족스럽지 않은데 혹시 좋은 의견 있습니까?"처럼 나의 부족함을 채워달라고 요청하면 대부분 편안하게 의견을 말해줬기 때문이다.

사람은 누구나 존중받고 있다고 느낄 때 마음을 연다. 조직은 사람의 마음이 켜켜이 쌓인 거대한 집합체다. 구성원들과의 소통에 공을 들이지 않으면 한순간에 와르르 무너지고 만다.

넘어져도 끝까지 가보는 사람

'실패'라는 두 글자는 직장인 누구에게나 낯설지 않다. 어느 날은 아이디어가 묵살당하고, 어느 날은 프로젝트가 좌초된다. 실컷 깨지고 회의실을 나설 때, 마음 한구석이 무너지는 기분을 누구나 아마 한번쯤은 느껴봤을 것이다.

나 역시 이런 기분에서 자유롭지 않았다. 내가 구원 투수 역할을 맡았던 스마트폰 사업을 소생시키지 못했기 때문이다. 물론 그 이전에도 많은 실패를 겪었다. 사람들은 나에게 '실패자'라는 꼬리표를 붙이기도 했다. 하지만 나는 "실패는 나를 무너뜨리는 게 아니라 단련시키는 과정이다"라고 되뇌면서 다음 임무에서 커다란 성과를 내려고 묵묵히 노력했다.

후배들을 만나 이야기를 나눌 때면 나는 "여러분이 실패하고 있다면 오히려 잘 가고 있다고 생각하세요. 왜냐하면 도전 없는 사람에게는 실패도 없기 때문입니다"라는 이야기를 자주 한다.

내가 생각하는 진짜 도전은, 실패하지 않는 삶도 아니고, 단지 열심히 일하는 삶도 아니다. 아무도 인정해 주지 않아도, 나조차 의심스러운 순간에도, 끝까지 붙들고 가는 힘이다. 내가 좋아하는 '컴플리트 워크(complete work)'라는 말처럼 맡은 일은 완전히 책임지겠다는 태도로 누군가는 실패로 돌아섰던 그 자리를 지켰고, 나는 그 경험을 바탕으로 LG그룹의 주요 전략을 이끌 수 있었다.

지금 이 순간에도 아마 많은 사람들이 자기 자신

의 능력을 의심하며 한숨을 쉬고 있을 것이다. 하지만 젊은 시절의 실패는 결코 낭비가 아니다. 오히려 지금의 실패는 여러분이 더 큰 도전을 해낼 수 있는 단단한 근육으로 자라날 것이며, 훗날 성취의 기회가 찾아왔을 때 딛고 도약할 수 있는 튼튼한 사다리가 되어줄 것이다.

인생은 어차피 끝없는 시련과 도전의 과정이다. 진짜 승자는 그 순간에 이기는 사람이 아니다. 바로 끝까지 버티는 사람이다. 넘어져도 다시 일어나 도전하는 그 끈기와 태도가, 궁극적으로 여러분을 진정한 성공으로 이끌 것이다.

결국 태도가 전부다

요즘 단연 인공지능이 화제의 중심이다. 육체노동자인 블루칼라는 물론이고 화이트칼라, 변호사나 회계사 같은 전문직들 역시 인공지능으로 대체될 것이라는 전망이 많다. 만약 여러분이 지금 인공지능이 잘할 수 있는 방식으로 일하고 있다면 그렇게 될 가능성이 높은 게 현실이다.

나도 로봇 관련 코딩을 할 때 인공지능에게 예시를 부탁하기도 하고 오류 수정을 지시하기도 한다. 새로운 시도를 할 때도, 평소에 익숙한 분야에서 업무의 효율성을 높일 때도 인공지능은 꽤 큰 도움이 된다. 하지만 인공지능이 인간이 할 수 있는 모든 일을 대신할 수 있는 것은 아니다. 글이 되었든 코딩이 되었든 인공지능은 엄청나게 쌓인 데이터를 바탕으로 질문에 대한 가장 그럴싸한 답을 제시한다. 하지만 전문가들에 따르면 인간처럼 생각하고 판단하는 인공지능의 출현은 상당 기간 불가능할 거라는 의견이 우세하다.

얼마 전에도 로봇을 만들며 인공지능에게 질문을 하던 나는, 멀쩡한 컴퓨터 운영체계를 망가뜨리고 말았다. 그리고 깨달았다. 중요한 것은 방대하게 축적된 데이터 중에 '무엇을' 선택하고 '어떻게' 적용할 것인가라는 사실을 말이다. 인공지능을 사용해 본 분들은 잘 알겠지만 사용자가 어떤 태도를 가지고 어떤 질문을 던지느냐에 따라 피드백의 방향과 내용이 엄청나게 달라지기 때문이다.

그렇다면 어떻게 해야 우리가 인공지능에 대체되지 않고, 효율적으로 활용하며 살아갈 수 있을까? 지금까지 내가 계속 강조해 왔던 것처럼 '일이 되게 하는 사람은 바로 나 자신'이라는 사실을 믿고, 일에 대한 주인의식과 전문성을 바탕으로 일뿐만 아니라 인공지능의 주인이 될 때 인공지능은 우리를 더욱 성장시킬 수 있는 강력한 도구로 탈바꿈될 것이다.

인공지능의 등장은 분명히 획기적인 변화지만 역사는 언제나 새로운 사건이 등장하고, 그것에 대해 적응하면서 발전해 왔다. 여러분은 앞으로도 지금까지 상상하지 못했던 기술적·사회적 변화를 만나게 될 것이다. 그리고 그 변화 속에서 여러분이 주인이 될지, 희생자가 될지는 오로지 여러분의 마음먹기에 달려 있다는 점을 강조하고 싶다. 다시 말해 일을 대하는 태도가 전부라는 말이다. 여러분의 무운(武運)을 빈다.

일을 대하는 태도

초판 1쇄 인쇄 2025년 10월 29일
초판 1쇄 발행 2025년 11월 12일

지은이 조준호
펴낸이 한보라
편집 임나리 **경영관리** 권송이 **디자인** 바다소리

펴낸곳 퍼스트펭귄 **출판등록** 2023년 7월 21일 제 2024-000025호
전화 070)8866-7990
이메일 1stpenguin@1stpenguin.be
종이 (주)월드페이퍼 **출력·인쇄·후가공·제본** 한영문화사

ISBN 979-11-993492-4-7 (03190)

- 책값은 뒤표지에 있습니다.
- 파본은 구입하신 서점에서 교환해드립니다.
- 이 책은 저작권법에 의하여 보호를 받는 저작물이므로 무단 전재와 복제를 금합니다.